销售其实可以套公式

HEART AND SELL

[美] 莎莉·列维京——著

花火——译

天津出版传媒集团

天津科学技术出版社

图书在版编目（CIP）数据

销售其实可以套公式 /（美）莎莉·列维京著 ；花火译. — 天津 ：天津科学技术出版社，2018.9

书名原文：Heart and Sell

ISBN 978-7-5576-4846-6

Ⅰ. ①销… Ⅱ. ①莎… ②花… Ⅲ. ①销售－方法 Ⅳ. ①F713.3

中国版本图书馆CIP数据核字(2018)第049033号

责任编辑：布亚楠

天津出版传媒集团

天津科学技术出版社出版

出版人：蔡　颢

天津市西康路35号　　邮编：300051

电话（022）23332695（编辑部）

网址：www.tjkjcbs.com.cn

新华书店经销

大厂回族自治县彩虹印刷有限公司印刷

开本710×1000　1/16　印张15　字数210 000

2018年9月第1版第1次印刷

定价：42.00元

致谢

他们告诉我写作的过程如同生孩子。我可不想错过这样的宝贵体验。撰写《销售其实可以套公式》可以说是我一生中最痛苦、最彷徨、最低落，却又最精彩、最有趣、回报最丰厚的经历。同样，创作这本书不是单凭我一人之力就能完成的。

首先，我要感谢亲爱的家人。自从我的丈夫李和他的儿子（现在是我的继子）泰勒走进我的生活之后，我的黑白人生就充满了色彩。谢谢你们的爱和理解，你们在过去一年中，每天16个小时，一直鼓励我进行创作，与我讨论文章内容，帮我完善细节。

感谢我的父亲，他一直告诉我凡事只要用心去做就一定能成功，可以达到我那堪称谦谦君子的兄弟丹尼尔的高度。

我还要衷心感谢我的朋友兼导师吉尔·康耐斯。谢谢您为我指点迷津，让我没有半途而废，坚持完成了一本真正的著作。您的专业指导和慷慨大方为“倾囊相助”这个成语注入了新的内涵。

感谢斯坦福大学的学者兼知己李·艾斯勒和玛丽莎·汉德勒，谢谢你们帮助我找到真正的自己，让我学会畅谈心声。

我还要感谢诸多一起在销售、顾问和领导力培训方面摸爬滚打的朋友和同事。他们阅读了本书早期版本的章节，并提供了很多有益的意见和建议，使《销售其实可以套公式》这本书更贴近当今需求不断变化的客户以及专业销售员的需要。

尤其感谢以下诸位：

凯蒂·霍夫曼·艾比、肯·阿尔里德、丹·贝克博士、特里什·贝尔图齐、朱丽叶·贝森、特里·科特、李·艾斯勒、帕特里夏·弗里普、卡洛琳·盖尔文、艾丽卡·加西亚、迈克尔·格里克、梅丽莎·戈登、丹尼尔·格林、希恩·哈里森、罗恩·亨塞尔、吉姆·马德里、玛利亚·玛格丽特、艾莉森·罗宾斯、凯蒂·罗伯特斯、亚当·罗伯特森、道格·桑德斯、格伦·泽宁格、威尔·斯彭德洛夫、科琳·斯坦利、瓦尔多·沃尔德曼、杰克·沃勒、安德里亚·华尔兹。

我对所有的员工、合伙人、客户都深怀感激之情，他们在过去20年中为列维京集团做出了卓越的贡献。尤其是肯特·克兹摩尔、特里·费拉拉、大卫·施特略夫、埃里克·怀特、杰夫·巴洛特利、凯丽·宝地利、珍妮·奥特拉·戴维林、菲奥纳·唐宁、哈佛·努斯鲍姆、琳达·克莱蒙斯、乔·麦克格里夫、布鲁斯·波兰斯基、肯·梅、弗朗茨·汉宁、戈登·格尼克、瓦莱丽·伊克斯、安吉拉·安德鲁斯。

感谢我最亲爱的朋友科琳·舒格曼和苏珊·弗雷兹顿·赫曼给予的热忱支持。

我当然不会忘记不知疲倦工作的编辑们：迈克尔·列文，他帮助我找到了内心的灵感，给我带来了智慧和幽默；萨拉·拉伊诺内，帮助我设计了全书的内容结构。此外，我还要感谢凯尔西·弗雷兹顿·赫曼提供的真知灼见。

同时，我向洛丽·理查德森以及销售职业协会的诸位女士们表达深深的谢意，感谢你们接纳我加入这个强大的组织。职场女性们在这里相互帮助，为女性职业销售员创造更加美好的明天。

最后，我要感谢数以千计勤奋工作的销售员及其领导，谢谢他们通过我的培训找到了价值。当你全身心地投入与客户的每一次接触中时，你的事业将会大有不同。当你被拒绝时，你要让自己振作起来，用真情实感去对待每一个人。总而言之，感谢所有为我提供帮助的人！

莎莉·列维京

前言

心灵与销售的平衡

下面的这个故事，我已经记不清究竟发生在何时了，但当时的情景至今历历在目。

当时，我在墨西哥的一个销售研讨会上做演讲，经过5个小时的发言，我自以为在座的每一个人都已经折服了。我通过15年的销售员经历总结出一套自己的销售方法。虽然我对培训工作还比较生疏，但我的听众们认为我已经做得非常出色了。我的引经据典让他们捧腹大笑，让他们对我的观点、意见不断点头。我感觉棒极了！

在演讲的末尾，我围绕“第三层次问题”的重要性谈了自己的看法——在客户做出购买决定的背后，还隐藏着深层次的情感方面的原因，销售员应该朝这个方面深入挖掘。这时，站在房间最后边的一位销售员举手发问。

“我非常喜欢你所讲的内容，”他说，“但是，客户会不会觉得这些销售方法不过是‘奇技淫巧’，进而产生自己正在被人操纵的感觉呢？”

整个房间顿时鸦雀无声。

我之前从未遇到过这样的问题，顿时感到措手不及。我的全部使命就是教习符合道德要求的销售行为。在销售员与客户之间建立可靠、有效的联系，是我的销售方法的核心要点。

我千方百计想让自己保持自信满满的样子，可是根本做不到。在这个问题上，我是不是一无所知？或者，我面临一个更加可怕的备选答案——我的教学内容不过是戏弄客户的小把戏？这绝非我本意！

我的大脑瞬间一片空白。

在思忖片刻之后，我说："这个问题容我今晚思考一下，咱们明天上午再谈。"

非常凑巧，当天晚上我应邀参加了一个晚宴，在研讨会上的高级销售员都出席了。一位年长的绅士自称叫作"阿帕帕科"。

"阿帕帕科？"我惊讶地问。这样奇怪的名字我还是头一回听到。

"这只是一个绰号，"他解释道，"意思是'拥抱者'，或者是'热情的人'。"

阿帕帕科给我讲了一些他自己的故事，他已经在一家公司工作25年了，是一名顶级的销售员，而且……

"我不得不承认，"他说，"我从来没有接受过正式的销售培训。我只不过是热爱我的客户，在他们面前我永远是一名学生。"阿帕帕科一直与许多最早的客户保持联络，客户的孩子们当时在上小学。现在，那些孩子都已经大学毕业，甚至开始生养自己的孩子了。阿帕帕科已经成为客户们生活中的一分子，每年感恩节后，他都会给自己的3只狗拍照，并做成贺卡发给客户。

"对客户而言，我就是阿帕帕科！"他笑道。

就在那一刻，我对于房间最后面那个人提出的问题已经有了答案。因此，第二天早上，我一开场就直奔主题。

"我想和你谈谈昨天你提出的问题，"我说，"我认为你是对的。如果你仅仅是单纯地使用销售技巧，而不去关注客户的实际需求并与客户进行心灵交流，你注定要失败。你的言行看起来就像是作秀，甚至让人感觉自己被人玩弄于股掌之间。事实上，如果你只是一味地追求销售技巧，那么我建议你还是改行，别做销售了。"

那个提问者点头表示同意，我的观点显然正中要害。

我和大家分享了昨天晚上自己的重大收获，然后接着说："但在这个方面也应当适可而止。如果你只有阿帕帕科对客户的热情，却不善于运用那些实用的销售技巧，就算取得些许成绩，也绝对达不到自己期望的高度。"

"如果你能够将销售技巧和阿帕帕科融会贯通，"我说，"就能够找到成功之路。"

本书的精髓在于建立良好的人际关系。你要学会用阿帕帕科般的热情与客户打成一片——也包括你认识的所有人。你要学会不失真诚地运用有效的销售技巧。

有很多书可以帮助你实现利润最大化，使你在同事之中脱颖而出。这类书能教给你销售技巧，点燃和激发你投身销售事业的动力，从而使你在世界各地广受欢迎。

但本书与这类书籍不同。

相反，这本书会改变你的思维方式，让你换一个角度去思考如何全身心地投入销售工作中。本书提倡的哲学理念是做一个改变游戏规则的人：转变观念，学习世界上很多成功的领导人士——无论是销售行业、政治领域，还是其他方面，像他们那样对自己深信不疑。现在，你也可以做到。

如何才能做到用心销售呢？当然，你必须行为规范、举止得体。但更重要的是，你必须发自肺腑地去关心如何改善客户的生活和事业。这意味着你必须善解人意，并借此与客户建立相互信任的关系，而不是为了销售而销售；这也意味着你必须为倾听对方的心声而留下余地，而不是通过会议来强制推行你的方式；这还意味着你必须善于发现对方的弦外之音、所隐藏的情感。总之，你要把这些原则灵活地运用到生活中的方方面面。

如果你处于领导地位，本书可以帮助你提高整个团队的工作满意度和营销能力。用心去做销售的团队会变得更加包容，更善于接纳他人，更加具有责任感，也更能发挥自己的热情和才华。

关于10个真理的简介

在过去20年里，我和同事们有幸在许多世界500强公司工作，它们拥有令人羡慕的企业文化和出类拔萃的产品。哪怕在市场最萧条的时候，我们依然帮助很多房地产公司存活下来，而且还能使它们重新获得市场竞争力。通过帮这些公司培训销售代表，我们让他们明白不能只拿对话模板照本宣科，而是要关注对方的心理，这大大提高了电话中心的利润。我们的培训帮助成百上千的销售员和年轻企业家们取得了不俗的业绩——无论是新入职的菜鸟，还是希望掌控局面的职场老手，都是如此。

我花费大量时间去思考，为什么不同的销售员按照相同的工作程序来销售同样的产品，最终业绩却相差甚远。同一个汽车4S店的销售员，同一片区域的房地产经纪人，相似软件产品的推销员，他们的销售业绩为何有天壤之别？为什么有的人一年挣5万美元，而另一个做同样业务的人一年却能挣到40万美元?

我苦苦追寻答案，并将此作为自己的使命。为此，我走访了各行各业的顶级销售员和销售部门的领导。

在与每一个人的交谈中，我都会问自己：他们如何讲述自己的故事？还有哪些东西他们没有讲到？他们是如何成功的？他们是不是还有一些绝招或最佳方案可以分享?

访谈结果显示，除了销售的产品和所处的行业之外，这些顶级的销售员还存在诸多差别：一些人接受过良好的教育，而另一些人却是凭市井经验立身；一些人性格非常外向开朗，而另一些人却沉默寡言；一些人出身显贵，而另一些却出自草根阶层。但是，他们有一个重要的共同点：

最优秀的销售员知道自己该如何说话以及为什么要这样说，还明白其他一些更深刻、更敏锐、更具有可持续性的知识。

与这些成功的销售员进行交流时，你会发现他们在一点上殊途同归：他们不但遵从内心的召唤与其他人建立联系，而且也没忘记与自己的内心进行沟通，追寻自己的目标和梦想。换言之，他们非常清楚自己是一个什么样的人，明白自己想过什么样的生活。无论他们销售的产品是什么，居住在何地，或者客户是什么人，最优秀的销售员都带着一颗真诚的心，而且始终不忘初心。

这份真诚比任何东西都珍贵。如果我们销售员不具备正直的品德，客户马上就会看穿。如今的买家比任何时候都聪明，他们一眼就能识破你的花言巧语和拙劣表演，我相信你肯定会同意这一点。

我在职业生涯的大部分时间中都在构建属于自己的销售体系、范式和模板，但我从来不会跟你说这是放之四海而皆准的道理。人有各种各样的，产品也五花八门，市场又在不断变化。虽然我不相信世界上真有什么放之四海而皆准的道理，但有一点我深信不疑：

有一些强而有力的准则能够规范人的行为，无论何时、何地、何人都可以适用。有一些真理不仅能帮助你与人沟通，还可以促进自我交流，让你学会听从内心的声音。这些道理不仅可以帮助你更加科学有效地工作，还能指引你过上更加富足和充实的生活。

顶级销售员们懂得怎样在内心和工作之间维持平衡。他们深知，只有真正了解自己，才能与客户以及其他人更好地沟通。他们知道你关心何事、关心何人。

这些普遍的真理关注的是如何实现平衡，如何与真正的自我进行交流。

请不要认为，我创作此书是为了炫耀自己的成就，恰恰相反，我的生活充满挫折、失败与痛苦。毫无疑问，成功与失败相辅相成，缺一不可。我对生活始终饱含热情，一直全身心地投入自己的事业之中。世界不会依我的喜好而改变，但我没有太多的遗憾。我真诚地希望自己可以帮助你发现人生的意义，释放那些促使你做出决定的热情。

销售是一个非常困难的游戏，充满了拒绝、压力和自我怀疑。但是当你的梦想超越了恐惧时，你会发现自己的收获远远大于挫折。

本书与我打算分享的10个真理可以真正教会你怎样卖出更多产品，怎样朝着荣耀和目标不断前进。我希望你能发现这本书刺激、有趣、给人启迪、有理有据，最重要的是，它倾注了我的真情实感。

10个普遍的真理

1. 成功始于成长方程式

顶尖的销售员愿意与他人分享自己的成功心得——包括勇于正视不足的责任感、对客户和整个世界怀有浓厚的好奇心、渴望获得卓越成就的雄心壮志。他们会不断运用所学知识来提升自己的实力。当你掌握这个“成长方程式”之后，你不但可以提高自己的销售业绩，更可以改变自己的人生。

2. 情感驱动决策

得到大家的爱戴，与他人建立亲密关系，与人为善，被世人铭记，融入他人的生活，这些美好的心愿能促使你做出正确的决定。如果你能察觉客户行为产生的感情动机，你就离成功不远了。

3. 自由源于体系

飞行员在起飞前必须查阅飞行手册；篮球运动员必须不断重复习惯动作，才能提高罚球命中率；面包师必须遵守那些经过时间检验的食谱。销售又怎会有什么不同呢？成功的销售员都有一套自己的销售方法，并且每次都会执行这一方法。这听起来违反直觉，但是你在已经建构好的体系中会获得极大的自由度，能够充分展示自己的本色，与客户建立真正的密切关系。

4. 在销售中，说“不”并不代表着拒绝

你是不是被恐惧吓破了胆？好吧。顶尖的销售员深知，一个人越是感到恐惧，就越需要及时应对恐惧。你所担心的事，正是你必须做的事。你越是担心发问，就越应该提出自己的问题。在第四章，我们会审视人们脱胎换骨的过程。失败是不可避免的，快速从失败中恢复是一项生存技能。这项技能可以充实你的心灵，让你的钱包鼓起来。

5. 信任从引发共鸣开始

信任诞生于共鸣、诚实、可靠以及能力。你应该具备全部四项品质，但如果无法与客户在交往的过程中产生共鸣，你就没有机会展示另外三项品质。共鸣是建立信任的首要条件。共鸣感无法伪装，不是让你在谈话时想怎么说就怎么说，也不是一味地迎合客户，而是让对方全身心地享受交流，尽情地表达自己的感想。

6. 诚信的品德

我们一旦和客户之间有了真真切切的共鸣感，就会发现自己无法再说谎或者欺骗客户了，对其他任何人和我们自己也都一样。“销售”这个词语起源于一个古老的英文单词“给予”。当我们销售产品时，我们必须把某样东西给予对方。当我们拥有诸如可靠、能干、诚实之类的优秀品质后，我们就能维持与客户之间的信任关系，享受长久的成就感。最终，这些好品质都会成为我们性格的一部分。

7. 可谈之事就是可问之事

当我们正确地提出问题时，我们就可以揭开事情的本来面目。“发现问题”就可以知晓客户的需求，引导他们沿着我们选择的方向去思考，对相关事物产生好奇心，并最终做出决定。这些问题有助于建立融洽的人际关系，获得对方的信任，帮助你实现自己的期望。提出好问题能帮我们清晰地展示自己的观点，而不必去声嘶力竭地大喊大叫。好问题可以扭转局面，也可以改变世界。

8. 满足情感需求先于做出经济承诺

许多销售员误以为利用饥饿营销或者人们的贪小便宜心理，就能令客户产生迫切消费的冲动。但是，如果客户根本不需要你的产品，则他们才不会在乎你是否只剩下了两件产品，或者你会赠送什么礼品。（有人需要马车吗？只有今天有售！而且免费赠送马靴！）在第八章，我将会讨论如何通过讲故事的方式与客户打交道，并将产品与客户的动机精准地结合在一起，以此来激发他们的消费需求。

9. 唯有耐心，才可消除销售阻力

一旦客户表现出抵触情绪，很多销售员就会降低价格、修改合同条款，或者干脆更换其他产品。但真相是，只有当客户在感情上接纳你时，你才能真正接近他们。这部分内容讲述了让客户接纳产品的策略，消除那些最难对付的客户的抵触心理，找出那些最终真正要拒绝你的客户，确保你可以又快又多地完成销售。

10. 总盯着错误，就永远无法踏上正途

面对每一天，面对每一次际遇，你都可以做出选择。你可以看到一个人或一次经历中积极的一面——有价值或者建设性的东西，你也可以看到其中消极的一面。当你与伙伴或者客户打交道时，你不要总去找他们不买你产品的原因；相反，你应该看到他们购买产品的原因。无论寻找什么东西，你都一定要确保能够找到它！

真理中的真理

多年前，我主讲的某次培训课程结束后，一位老者从前排走到我身边说，他已经连续参加我的讲座好几年了。

“我听了你所有的CD，”他说，“还每周都看你的DVD培训课……”

我微笑着，想知道下面他会说些什么。如果一个人持续关注和收听我的培训，我猜自己一定会得到他的赞扬。对吗？

大错特错！

“但我不得不告诉你，”他接着说，“你的培训没有任何作用。”

我非常吃惊，不知道他为何告诉我这些。假如我的课毫无用处，他为什么还要坚持听那些内容呢？

我非常好奇，请他给我讲一讲他的销售方法，并让他描述一下自己的销售过程。我不得不说：在我的课程中，他真是一个差学生。（令人惊奇的是，他对我课程内容的熟悉程度甚至超过了我本人）初听起来，他似乎掌握了我所传授的销售方法，他在与客户沟通的过程中，表达方式没有问题，提出的问题也都非常正确。

接着，我请他详细讲一讲自己的销售过程——突然，问题出现了。

很显然，从最开始，他就缺少某些东西。他知道该如何去说、去做，但是在落实能力上有所欠缺。随后，我们又谈了一会儿，我发现了他的问题所在。他对自己的产品似乎并不自信——更重要的是，他对自己的客户缺乏感情。无论他说什么，都会让人觉得他不是一个值得信赖的人。

我遇到过很多重理论而轻实践的人，我会对这些人说我告诉上面这位朋友的话：

“你知道并不代表你可以有效执行。”

我从事攀岩运动多年了，每一次攀岩之前，我都研究好路线，了解每一块岩石的特点。但是，相信我，当你腰上系着绳子，悬在几百英尺的空中，知道怎么做和如何做完全是两码事。真的！

要提升业绩，唯一的办法就是缩小理论和实践之间的差距。

你可能已经读过了10个普遍真理的摘要，并且想：这些东西我都知道啊！我当然知道要建立信任、提出问题和承担责任。

但下面才是最重要的：你是如何做的？你每一次行动或者大部分时候都是如此做的吗？

如果不是，那么为什么没有做到？

有一个非常好的理由，那就是人的惯性。

克服自己的惯性

当从事一项困难甚至是维持温饱的任务时，人类会和其他动物一样陷入“默认模式”。默认模式可以视为最省力的成功路径，它能让我们用最少的精力和最小的工作量完成任何事情。那些光顾我们后院的驼鹿不会掉头离开长满嫩绿鲜草的草地。为什么？因为在其他地方，它们必须付出更多的努力才能获得这么好的东西，而现在，脚边就是丰盛的食物。

我是在自己的阿奴萨拉瑜伽课上第一次听到“默认模式”这个词的。老师告诉我们，每一个人都有自己的惯性，当我们不能保持专注的时候，就很容易陷入这些惯性。为什么？因为这更容易做到。比如，我们的身体会自然而然地倾向于最舒服的姿势，或耷拉着肩膀，或低垂着脑袋，或长吁短叹。当我们无法关注于一件事情时，我们就会倾向于进入惯性模式。随着时间的推移，这些惯性会给我们的日常工作带来巨大的负面影响。

有一门比较晦涩的科学可以用来解释其中的原因。神经科学家们已经发现大脑的一部分在起作用，他们称之为“默认模式网状物”。当我们进入众所周知的“休闲状态”时，这些物质会变得异常活跃。在工作之余，比如休息时或在周末，这的确是件好事，可以让我们在悠闲的时光中放松大脑。然而，当你与未来的客户打交道时，使用大脑的这部分功能，就会限制你能力的发挥。为了真正搞好与客户的关系，你必须“苏醒”过来，走出这种状态。你必须在销售的过程中用真心实意去打动客户。然而，不知何故，每个人在无法集中精力做事的时候，都乐于退回到这种清醒的休闲状态。

我们每个人都需要克服自己的惯性。这种具有重复性和破坏性的行为有时是不自觉的，它会阻止你做好销售工作。有时，当你疲惫或者分心时，惯性就会出来作祟。还有其他几个原因会导致“默认模式”出现，我用“HELL”（地狱）这个词语进行了总结。

你是否已经陷入销售“地狱”之中

H=Habits（习惯）

E=Ego（自以为是）

L=Lack of knowledge（知识储备不足）

L=Laziness（懒惰）

1. 习惯

我们常常被习惯左右，连许多销售老手都为此感到自责。你已经在错误的道路上走得很远，却依然没有发现它严重影响了你的表现。或者说，你的习惯如此不起眼，以至于你根本无法认识到它在妨碍你的行动。

查尔斯·都希格在《习惯的力量》一书中写道：当我们不断重复看似平凡无奇的行为（比如刷牙、冲咖啡、侧方位停车）时，我们的神经就会建立一种逻辑上的范式。重复的次数越多，习惯就越牢固。如果你不能坐等每天表现出善意，你就无法成为一个善良的人；如果你没有倾听别人的意见，你就会变得以自我为中心；如果你总是体会他人的感受，你就会变成一个善解人意的人。

如格言所讲：重复的行为造就了我们。好习惯和坏习惯一样，“润物细无声”。

习惯是人类天性的一部分。当然，问题在于，养成的若是坏习惯，就对我们不利了。一个好消息是，你可以改掉坏习惯——如果你已经意识到了这一点。如果我们能够严于律己，用新的习惯代替旧习惯，我们就可以改变自己的行为，变成自己希望成为的样子。

2. 自以为是

根据大卫·梅尔和赫伯特·M.格林伯格的研究成果可知，优秀的销售员都有征服欲。在这种典型的自以为是的动力的驱使下，我们会变得非常自负，宣称：“我要做到第一，我要让自己平步青云。”

但是另外一方面，自以为是会让人们总是把失败的原因推给别人，而不愿意承担自己的责任。过度自负还会阻碍我们学习掌握新技术的发展和客户需求的变化，而这些都需要你通过与客户互动来实现。

我听到很多销售员在抱怨自己的糟糕业绩。他们举例说最新研究表明一个人保持注意力的平均时间从12秒下降到了8秒，于是，感叹金鱼保持注意力的时间都比人长！他们抱怨：“如果你们不相信我的话，可以就近去家宠物店，对金鱼做一个注意力测试。如果每个客户都这样，我恐怕只能从鱼身上挣钱了。”

问题就在于：许多销售员把自己业绩不佳归咎于无法吸引客户的注意力，而不是想方设法去改进自己的不足。

借用创意写作大师罗伯特·麦基的一句格言：“你的问题不在于专注的时间长度，而在于感兴趣的时间长度。”我们的客户并不是不关注我们的产品，而是不关注我们本身。换言之，我们没有抓住他们的注意力。如果你一直在追剧，比如《广告狂人》《纸牌屋》《权力的游戏》，我敢肯定你一定会同意，你对每一集的播出时间肯定比对放袜子的抽屉的关注程度高。当你在做销售时，你是想成为《纸牌屋》中的凯文·史派西，还是打算靠穿一双不成对的袜子来增添自己的魅力呢？不要让自以为是夺走你为业绩下滑承担责任的勇气！

就像菲尔博士的性格测试一样，我提出另外一个问题：当销售不畅时，你是否找到了改进工作的方法？或者你会立即归咎于外部环境吗？你是否愿意从那些阻碍你进步的习惯上找原因？

3. 知识储备不足

“我不懂该如何做”可能是绝大多数销售菜鸟用来给自己辩护的主要理由。或许，他们的确没有学习过完整的销售流程，没有掌握产品知识，或者没有足够的经验去应对客户的拒绝。

缺少产品或市场知识也是经理或者销售员的过错吗？有时候，我们很难确定责任究竟属于哪一个人，但是顶级的职场人士都明白，如果自己缺乏相关知识，就要千方百计去学习。如果经理没有告诉你足够的信息，那么你应该去仔细询问他。你也可以从其他渠道了解情况。不要只是抱怨，你天生就不是被用来做平均数的。

不要总想着，自己是因为缺乏做销售员的天分才业绩不佳的。正如已故的伟大销售培训师和励志大师金克拉所言：“早上我看报纸，很多销售员去世了，但我没有看到一位销售员出生了。”

伟大的销售员究竟是天生的，还是后天培养的？都不是。伟大的销售员只不过是敢于克服自己的坏习惯，让自己一步一步走向成功。

4. 懒惰

当说到“懒惰”这个词的时候，我并不是说我们就不能躺在躺椅上一边喝着玛格丽特[①]（虽然我们会这样做），一边重温电视剧《反斗小宝贝》和《我的三个儿子》。恰恰相反，我指的是没有达到预期目标而变得无所适从时出现的懈怠的精神状态。

---

① 一种用龙舌兰酒配制的鸡尾酒。

没有人可以拥有抵御懒惰的免疫力。你不知道已经立过多少次誓言，诸如“我要早起工作”“今天晚上我不喝酒”“今天我要打5个推介电话”——明日复明日，明日何其多啊！

但是习惯性的懒惰是致命的。我的一个同事——姑且称她为卡伦，每天睡到上午9点，下午5点下班，过去20年她一直对我说：“列维京，你为工作而活，而我是为了生活而工作。”

卡伦有自己的原则，各种各样的原则。她拒绝额外的倒班，拒绝回复需要帮助的客户，拒绝接受来自他人的建议。结果可想而知，她每天生活在为支付账单而奔波的日子里。每当我们见面，她就会告诉我：“如果我像你那么有钱，我就干脆在家数钱玩。你太幸运了！”

我没有告诉她成功与运气关系不大，也没有透露我为了克服拖延症一直不断地训练自己。当我想要放弃的时候，我就不断坚持保持专注力。我为什么对她只字不提呢？因为她甘于平庸，根本听不进我的话。

那些懒惰的销售员不会去为客户会议做准备，在销售工作中总想走捷径，而且遭遇客户反对时常常表现得顽固不化。客户不是在攻击销售员，但是懒惰会让我们在无意之中冒犯对方。客户只是想多了解一些东西，如果他知道你根本没有耐心解答他的问题，那么你怎么可能说服他购买你的产品？

平庸的销售员还有另外一个恶习：他们沉溺于所谓的繁忙工作之中，不停地查阅邮件、脸书（Facebook）和推特（Twitter）账户，总是以工作忙为借口。尽管科学告诉我们，他们并不是真的那么忙碌。按照畅销书作家和神经科学家丹·列维京（很荣幸，我是他的妹妹）所言：“工作繁忙是一种可怕的错觉。当人们认为自己很忙的时候，他们实际上只是把自己快速地从一项工作转到了另一项工作上。尽管你可能做了很多事情，但讽刺的是，‘工作繁忙’让你的办事效率变得极其低下。”

为什么会这样呢？因为我们把自己宝贵和有限的精力从最重要的事情（客户）转移到了最无足轻重的事情上了（比如，你的姐姐贴出了她昨天在墨西哥度假时吃早餐的照片）。

如果你没有达到自己期望的高度，就扪心自问：自己是否保持着对客户和工作的关注，或者自己的注意力是不是滑向花花世界之中，让那些耗费精力的事情填满了你的业余生活？

我们抱怨客户不够专注，但是在对金鱼的注意力测试中，谁才是失败的一方呢？

如果你发现自己曾处在销售“地狱”之中，那么恭喜你，你是一个正常人。屈服于不良习惯是人的一部分天性，你不可能完全克服它们。

不过，我们的目标是让自己全身心投入销售工作中，不是简单地沟通交流，而是要与客户将心比心。请大家谨记：这样不仅可以让我们变成一个更加高效的销售员，而且可以提高我们在生活各个方面的满意度。不良习惯会让我们失去当下——只有活在当下，我们才能真正体味生活的意义和乐趣。

你有哪些坏习惯

现在，你要诚实地面对自己。你身上有哪些坏习惯？下面是一个小清单，请你过目：

- 听到客户的问题后，立即试图动手解决，而不是先思考问题产生的原因。
- 向客户提供过多的信息。
- 向客户推销那些对他们用处不大的产品。
- 在调查或者收尾阶段，说话太多。
- 没有囊括所有的决策者。
- 把产品描述得过于完美，以至于令人生疑。
- 夸大产品的优点，哪怕只有一次而已。
- 仅仅向客户陈述产品的使用方法，而不是与客户分享使用产品时的感受。

- 不提前准备，把希望寄托于即兴发挥。
- 指斥客户现在的选择以及他的合作伙伴或行为方式都是错误的，仿佛只有你的意见完全正确。

下面是最致命的错误：

- 没有把倾听或者挖掘客户的感情动机放在第一位！

现在，请扪心自问：我有哪些坏习惯？当我被负面惯性严重干扰时，我会看一看这是属于哪个方面的问题——习惯、自以为是、知识储备不足，或者懒惰？

我们应该对自己的嗜好有一个大致的了解，然后对照本书中所列的各种毛病，马上思考一下哪些毛病符合自己的情况。毕竟，只有在愿意正视自身问题的前提下，我们才能去解决问题。

现在轮到你了——制作一个你希望改掉的坏习惯的清单。

既然你已经知道自己为何在销售工作之中苦苦挣扎，那么是时候看看自己如何付诸行动了。在下一章中，你会惊喜地找到答案。

*为了保护隐私，本书中出现的很多人名和公司名均为化名。

目录

第八章 情感方程式：满足情感需求优于展示经济能力

第九章 接纳方程式：唯有耐心，才可消除抗拒

第十章 乐观方程式：总盯着错误之处，你永远无法走上正确的道路

第一章

成长方程式：顶尖销售员的奋斗起点

真理之一：顶尖的销售员愿意与他人分享自己的成功心得——包括勇于正视不足的责任感、对客户和整个世界怀有浓厚的好奇心、渴望获得卓越成就的雄心壮志。他们会不断运用所学知识来提升自己的实力。当你掌握这个“成长方程式”之后，你不但可以提高自己的销售业绩，更可以改变自己的人生。

学会审视自己，才能做得更好

当我30岁那一年，我听说马里奥特公司正在招聘销售员。我幸运地遇到了人生中第一位销售老前辈，于是应聘成功了。

曾在盖洛普公司任职的励志演说家和作家马库斯·白金汉说过：“人们离不开工作，但人们可以离开他的经理。”对我而言，我在马里奥特公司的成长进步离不开一个人——格雷格·威廉汉姆。

格雷格是做土地业务起家的，他是波士顿人口中所说的“聪明人”。在格雷格的悉心帮助下，我在马里奥特公司的职位不断提升，最终成为一名顶级销售员，并且协助领导公司优秀的销售团队。

但这并非意味着在格雷格手下工作有多么轻松——事实恰恰相反。他的销售办公室一直整洁有序。每天早晨8点准时召开销售会议。如果你没有参会，你当天就没有客户。是啊，没有人督促你，也没有人关心你迟到的理由。比如某一天，当我同事停车时，公司的推土机撞到了他的斯巴鲁……

没有人催促。

格雷格对理由不感兴趣。“我只雇我能找到的最优秀的销售员，”他说，“我不希望花费时间去听任何借口。”

格雷格给我上了职业生涯中最宝贵的一课——任何销售员都会遇到的三个目标：

- 每一次见客户时，你都要设法让他们对你和你的公司多一份好感。

● 卖出产品。

● 如果客户没有购买，你就要找到真正的原因，以便从中吸取教训，勇于承担责任，不要再犯同样的错误。

我认为，第三条原则最重要，但也让人最痛苦。当你真正对自己的行为负责时，你会感受到远超从前的挫败感。但你可以从中汲取教训，避免再犯同样的错误。

当人们拥有好奇心时，人们就会心甘情愿地正视自己的错误。我遇到过的成功人士不会害怕说出这样的话："是的，我把事情搞得一团糟，但我错在哪里？我从中可以学到什么？我如何才能做得更好？"他们知道自己可能不会再赢回已经失去的订单或弥补自己的错误，但下一次肯定会改善自己的做法。

如何才能做到这点？你必须学会仔细审视自己身上的习惯，要敢于承认哪些是好习惯，哪些是坏习惯。追求不断进步的学习精神才是真正的诀窍。

顶尖销售员的成长方程式

责任感、好奇心和卓越共同构成了我所说的成长方程式——顶尖人士能够理解和践行这一真理。

为什么追求进步是用心销售不可或缺的组成部分？因为，当你敢于承担责任时，你就能给大家做出表率，吸引别人的目光；好奇心的增加能促使人们创造更加真诚的人际关系；通过不断提高销售技能，你就可以感知客户的需求和感情，与客户共同成长。

如果你能完整地做到上述三点，则你与客户的关系将会得到升华，腰包也会越来越鼓。当然，你首先必须相信，这种进步是可以做到的。

努力进步，和所有努力进步的人做朋友。

多年来，我一直在思索，销售技巧究竟是不是天赋的才能。我发现，自己在销售方面的天分如同我那炫目的黑发，是与生俱来的。

斯坦福商学院学者卡萝尔·德韦克在她的畅销书《思维模式：全新的成功心理学》中，展示了通向成功的有效方法。成功人士不仅拥有更高的智商和天赋，他们还致力于成长和终身学习。

德韦克提出，有两种思维模式对我们实现自己的人生目标具有巨大的作用。第一种是固定型思维模式。有这种思维模式的人相信自己的素质和能力是可以量化的，认为自己的基本天赋有限，而且无法改变。结果，他们迫切希望在他人面前展示自己。

我们在生活中都接触过这类具有固定型思维模式的人。他们是这样描述自己的：

- 我不擅长数学。
- 我记不得别人的名字。
- 我天生就不是做销售的料。
- 我做不了技术。
- 我对政治不感兴趣。
- 没有人觉得我有魅力。
- 我不是运动型的人。

这类人在固定型思维模式的主导之下，丧失了学习新知识的兴趣，经常不去努力成为自己领域的专家；他们虚张声势地隐藏真正的自己，拼命掩盖缺点，而非努力克服它们。

第二种是成长型思维模式。有这种思维模式的人相信自己的基本素质可以通过不懈地努力来培养。这类人斗志昂扬地刻苦学习，通过承受挫折来让自己变得更强。对他们而言，生命就是一段旅程，人应该在这个过程中不断获取新知识，建立新关系，征询建设性的意见，并从痛苦中积累经验教训。

充满激情，不断使自己进步，是具备成长型思维模式的人的共同标志。

成长型思维模式的绝佳案例是本杰明·富兰克林。富兰克林一生的永恒主题就是自我完善。作为7个孩子的哥哥，一个贫困的蜡烛匠人的儿子，他只接受过不到两年的正规教育，最终却成为18世纪最富有、最令人尊敬的知识分子之一。

早年，富兰克林阅尽手边的书籍，他喜欢从书中获取知识。在1727年，他成立了一家俱乐部，在这个有组织的论坛上，俱乐部的成员可以讨论学术话题和世界时势话题。

对富兰克林而言，学习全世界的知识显然非常重要。因此，他花费大量时间，和那些像他一样好奇心浓厚、敏而好学的思想家和各种团体的领导人一起学习交流。

思考片刻，看看你周围的人：他们是否在激励你，点燃你的能量，或者他们只是在浪费你的时间？

我（以前的）朋友辛蒂身体状况一直不佳，她和她前夫的关系很差，她经常抱怨自己的母亲。我有时会成为她的倾诉对象和调酒师，在痛饮一番后听她诉说自己的悲惨故事。唉，辛蒂从来不会做任何事情去改变自己的处境。她喜欢将抱怨作为治疗方式，将自己变成受害者以寻求心理上的安慰。我最终意识到除非她开始自我救赎，否则我帮不上任何忙。

下一次当你发现自己是一个固定型思维模式的人时，你要想一想如何走出自我束缚，从你所犯的错误中汲取教训；想一想身边那些积极上进的同事和朋友，问问自己你们是否在一起互相帮助、共同进步。

不断追求进步，并且与拥有成长型思维模式的朋友一起努力，这会为你开拓一条道路，让你掌握成长方程式。

不当缺乏责任感的抱怨者

在我的一个咨询办公室里，我每天早晨都会问候每一位销售员，他们都会报之以相同的问候。但一个人除外，那就是琳达。她不会问候你，而是立刻找借口告诉你为什么她没有完成昨天的任务。

“情况看起来太糟糕了，”她说，“他们不买产品。”

第二天早晨，依然如此。

“早上好，”我脱口而出，“多么美好的一天！”

但对琳达而言并不美好。

“领导不称职！”她嘴里嘟囔着。

我想知道这事是谁干的？是谁把自己产品滞销的原因归咎于其他人或其他事，而不从自己身上找原因？

事实上，很多人都是如此。许多销售员抱怨外部环境导致他们没能成功。但如果我们这样做，我们的力量就会被逐渐侵蚀。

我们每个人都遇到过习惯怨天尤人的人，这种态度限制了他们掌控自己生活的能力。客户很容易辨认出工作态度消极被动的销售员。他们的口头禅有：

- 我无能为力。
- 客户没有钱。
- 都是营销没做好。
- 我没有时间。

● 我得不到支持。

习惯抱怨的人对工作往往缺乏安全感，而且总能找到各种各样的借口。以琳达为例，她所在的部门有超过500名销售员都在同一个办公室里工作，部门每个月都会奖励排名前三的销售员。而琳达从未进过前三名，总是排在后十名。

在开研讨会的过程中，发生了一件非常有趣的事情。我讲授的销售方法得到了琳达的积极回应，两周后，她的排名就从第125名升到了第2名。当宣布奖励时，我注意到琳达坐在房间后面的一把棕色椅子上，正在平板电脑上认真地写着什么。

我问她在干什么。

“写我的发言，”她说，“我想和大家分享自己是如何赢得第2名的。”

我对她创下新的销售纪录表示祝贺，同时告诉她下面一句话，这也是我想向全世界所有销售员说的话：

当我们不能为失败承担责任时，我们就没有资格享受成功的荣耀。

请记住：琳达并没有为自己是第125名而抱怨——她在抱怨自己的客户。因此，虽然我对琳达取得今天的成绩感到由衷的高兴，但还是提醒她，下次面对没有购买产品的客户时，自己应当主动承担责任。

顶尖销售员不会用外部因素给自己的失利找借口。他们清楚，即使是一个老手，也难免会出现一个月业绩颇丰，而另一个月却一件产品也没有卖出去的起伏状态。你凡事尽心尽力，却没有办法要求你的宠物狗自己出去遛弯。埃里克·格雷滕斯在其作品《弹性》一书中告诉我们：“恐惧可以成为你的朋友，借口永远是你的敌人。当需要在艰苦的行动和轻松的借口两者之间做出选择时，人们往往会选择后者……完美很难企及，借口充满了诱惑。”

那些发自内心热爱销售工作的人，从来不会将自己的失利归咎于外部因素。他们具备勇于承认错误的责任感，故能不断取得进步。

你可以拥有世界上最先进的销售方法，但如果你不愿意为自己的成功承担责任，那么再好的方法也是白搭。

如果一家公司内部开始相互指责……

任何不愿意承担责任的人，即使是天赋再高的销售员，也难有所作为，他所在的部门也会因此走向没落。然而，在太多太多的公司里，这种抱怨的游戏仍在不断蔓延。如果团队里有一个人爱抱怨，整体氛围就会被破坏，大家彼此之间相互指责，总是想着“这是你的错，不是我的错”。

几年前，我和一群没有完成销售指标的高管开座谈会。他们正在努力让手下的销售员正确对待困境，分析客户拒绝的原因。

我和这个高管团队的成员分别单独见面，询问他们认为目前存在的最大问题是什么。

“销售员不听指挥，”他们抱怨道，“我们反复告诉他们该如何做，可是他们‘左耳朵进，右耳朵出’。”

“真的吗？”我吃惊地说，“你们这里谁负责培训？”

现场顿时鸦雀无声，气氛很尴尬。

“我们都负责。”其中一个人回答。

“销售员们向你们寻求带领和指示，”我说，“他们信赖你们，把你们当作老师！而你们却在指责他们？”

随后，我会见了销售团队。他们对管理层最大的怨言就是在如何与客户打交道方面，管理层没有提供足够的支持或指导。

“这是管理层的错。”他们抱怨说。

这是真的吗？这个公司难道没有人愿意站出来承担责任吗？很显然，没有人。

不管你在单位里处于哪个岗位，抱怨别人总归不好。不仅是因为这会疏远别人，而且因为这是懒惰的表现，或者说会让你失去别人的尊重，更深层次的原因在于，抱怨别人虽然短期不会引起问题，但是破坏了一家公司长远发展的机会：

抱怨别人和外部环境会让你失去学习的动力，也会让公司无法长久地发展。

你可以从现在开始立刻去承担责任，方法是改变自言自语和自我提问的习惯。你可以用下面的建议来替代以前的抱怨。

● 不要说“他们没有钱”，而要想想自己还有什么改进的余地。例如：“我没有向他们充分展示产品的价值。我发现产品中存在的问题了吗？产品足够大吗？”

● 不要说“他们优柔寡断”，也许事实确实如此，但你能否做一些不同于以往的工作呢？比如：“我没有和客户保持足够的沟通，我还有其他办法可以与客户建立信任吗？”

● 不要说“别人给他的条件更优惠”，不要去抱怨你的竞争对手，你该关注的是你自己。“我没有展示出自己产品的特点。还有什么有力的展示手法能让我的产品看起来与众不同？”

尽管我经年累月地训练自己勇于承担责任，但是仍然发现自己提出过一些指责性的问题，诸如：“谁拿了我的车钥匙？”“谁把我的牛奶倒掉了？”我默认的行为方式往往是抱怨。有时，我想：这正是我们在经历艰难时光时需要向如此多的人寻求建议的原因。如果别人的建议不对，我就推卸责任。我对此感到羞愧，但我已经意识到了这个错误。

生活的一个真相是抱怨总比接受批评容易得多。下面是检查自己是否存在这个毛病的方法。如果有人问你为什么事情没有办好，你是否会以“他”“她”或者“他们”作为自己回答的开头？如果使用这些字眼，则说明你心中有怨气，那么“销售之神”就会站在你的对立面！

只有当你以“我”作为开头时，你才能重新掌控自己的失败——也包括自己的成功。

好奇心——你成长的原动力

多年以前，一家欧洲大公司的经理请我帮忙挽救一位正在苦苦挣扎的新入职的销售员。我们姑且称他为“短头发的布鲁斯”。当时，布鲁斯刚刚从事销售工作，他在路易斯安那州做私人调查员，干得非常不错。当他刚刚搬到科罗拉多州时，他认为自己可以在房地产析产领域碰碰运气。

无论我在什么时候培训新入职的销售员，我都会关注他们如何向客户提问，以便从中发现问题。布鲁斯的提问总是一针见血，但是他的提问很快就会变成质问。这可不是个好方法。我们来看下面这个例子：

“夏洛特，你刚刚提到了你上次在蒙大拿州的假期，”布鲁斯问，“那么，布兰德和你总是在夏天休假吗？”

“是的，”调查对象回答，“孩子们放假的时候，我们就休假。”

“你们几月份开始旅行？”他问。

“经常是8月份，田纳西州太热了，所以我们喜欢往北走。”

痛苦地暂停……

“嗯……但你说经常把假期安排在圣诞节的时候。这是怎么回事？”

唉！我都搞不清楚他到底是要签一份合同还是一份供词。

这就是一个典型的极端反面教材。并不是每一位销售菜鸟都会像布鲁斯那样盘问调查对象，把正常的销售询问弄得好像在查探对方的隐私似的。但我要指出的是，除非这位销售员真的对对方的生活感兴趣，否则，这种发问方式简直就是在拷问客户。

我发现数以千计的销售员提出的问题都能抓住要点，但最终激怒了客户。为什么会出现这种情况呢？因为他们的表现说明他们缺乏真正的好奇心。如果客户开始拒绝，那么提问题可以让他们放松下来，并保持沟通交流，否则，他们会继续采取保守的态度。只提出问题是远远不够的，你必须得到答案！

为了解决这个问题，我喜欢引用马克·古尔斯顿在他的《只听就好》一书中的话："有趣比感兴趣更重要。"你倾听得越多，对方越会觉得你思维敏捷。既然如此，那么你何必急于张口发言，给人家留下不好的印象呢？

富有好奇心的人的5个特点

我们来学习一下优秀销售员展现自己好奇心的技巧：

● 他们提问的目的在于更好地了解客户——不仅仅是为了表达自己的观点。

● 他们在每次与一个潜在客户见面之前必定会做好功课：这是一个什么样的人？他/她和公司打交道有多长时间了？（这个信息有助于销售员对他们的决定做出预判。）

● 他们会深入了解客户的需求，力求从心灵的层面去探知客户真正在乎的东西。

● 他们希望走进客户的内心世界，发现那些影响他们外在行为的心理活动。

● 他们在遭到拒绝时不是被动地做出反应，而是尽力弄清楚客户推迟购买的真实原因。

一些好奇的神经学家正在对大脑进行研究，试图揭开好奇心在神经学方面的作用。一些最新的研究成果支持了卡内基-梅隆大学的乔治·鲁文斯坦提出的理论，也就是众所周知的"信息鸿沟"。

“根据鲁文斯坦所讲，好奇心其实非常简单，”乔纳·莱勒在其主编的《连线》杂志中写道，“当我们感到‘我们知道的’与‘我们想要知道的’之间存在差距的时候，好奇心就会就出现。这种信息鸿沟会造成情绪上的后果：让你感觉心里痒痒的，大脑就像被蚊子叮了一口。我们寻求新的知识，就是因为我们需要给心灵‘挠痒痒’。”

说了这么多，这些真能帮助你赚到钱吗？

事实证明，只要坚持去做，这些方法可以让顶尖销售员赚到很多钱。

不要满嘴跑火车

我和丈夫第一次真正的吵架发生在一个咖啡厅。我已记不清当时我们吃了什么或当天什么时候发生的争吵——依稀记得就餐环境非常差，两群大学生挨着我们坐，让人感觉非常不舒服。我还记得丈夫对我说：“你就会满嘴跑火车。”

他说的什么意思？我不明白，但能听出这绝对不是什么溢美之词。

“你很聪明，”他说，“但是你对世界一无所知。你不读书，甚至不知道尼尔森·曼德拉是谁，上帝啊！”

他是洋基队的中外野手①。每一个人都知道他。

好吧，没有人会这样笨。我告诉他，我知道尼尔森·曼德拉是谁，只不过忘记了而已——这是我惯用的伎俩。当然，这次不好使了。

“我经营着一家公司，”我说，“我正在学习社交传媒营销，正在研究如何做好一名领导。”我承认自己的知识不够丰富，但总是以“酒店理论”安慰自己——这是我听到的一个说法，大意是“必须先有人退房，其他人才能订房”。于是，我得意地跟丈夫辩解，我每天都在学习新知识，脑子里已经没有足够空间装旧知识了。

---

① 棒球和垒球活动防守中外野的球员。

然而，他并不买账。“我想和我的太太谈一些销售之外的东西。”他这样说。

其实，他是对的。于是，我不再和他争吵，决定听一次他的劝告。我开始读报纸、《纽约客》杂志、小说以及非虚构类书籍，我开始关注政治，我开始阅读国内外经济发展方面的文章，我开始关心其他国家发生的冲突。这样做，帮助我与越来越多的人保持融洽的关系，其中包括很多高端客户。

我从此也知道了尼尔森·曼德拉不是一个中外野手，而是一个游击手。

随着我的视野越来越开阔，交际圈也不断扩大，生意也越做越红火，我赢得了更多的尊重。现在的我很难想象，如果没有报纸专栏文章、经典小说、TED演讲以及整个世界的时事信息，我的生活将会是什么样子。

我们生活的世界如此复杂，保持一颗好奇心是做一个合格公民和一个有趣的人的必备要素。销售员要对这个不断变化的世界保持关注，这一点比以往任何时候都重要。

20世纪80年代初，也就是我开始自己的职业生涯的时候，销售员是客户获取产品信息的唯一渠道。不管客户是否相信我。哦，当然，几十年前的人也可以问问他们的“阿奇舅舅”[①]，听听他们对我们产品的意见。但是，建立或者结束交易关系的主动权，完全掌握在我手中。

如今的情况则相反，客户可以从不计其数的渠道来了解自己感兴趣的产品。他们不需要销售员的讲解或者纸质说明书，可以自己去琢磨，看光盘，浏览Yelp（美国最大的点评网站）上成百上千的用户评价。

因此，与我们过去单纯的说教相比，现在的销售员需要做更多的事情。

现在，你至少要让自己的知识储备与客户处于同等水平。知识是建立信任关系的前提——我不仅仅是指了解你的产品以及你的竞争对手的产品。你需要知道当天的新闻事件，以及它们对客户的感受和情绪产生了什么影响；你必须了解经济发展趋势，以及这会不会影响客户购买大宗商品的信心。

① 美国俚语，跟我国的“隔壁老王”意思相近。

我的好朋友艾瑞克·怀特在他墨西哥的公司雇用了400名销售员。他建议销售员们每天阅读诸如《华尔街日报》和《纽约时报》之类的新闻。“如果我们不了解他们国家的政治、市场和经济，”他说，“我们如何才能说服美国客户掏出2.5万～75万美元购买我们的产品？”

我对此表示完全赞同。

付诸行动

扩展你的好奇心

如果你想要扩展自己的好奇心，则可以问问自己下面这些问题：

- 我是否每天看新闻，读一些感兴趣的书或者非虚构类的作品？（看电视剧不算）
- 和那些知识渊博的客户相比，我对自己的产品或服务是否了解得更加全面、详尽？
- 我是否进行了在线学习，参加小组讨论，和他人分享有价值的意见？
- 我是否在学习新技能？当自己搞不明白时，是应该就此放弃，还是应该寻求帮助？
- 我周围的朋友是否持有与我不同的见解？

如果任何一个问题的答案是“不”，那么你下一步该做什么工作就不言自明了。但我不愿意使用“工作”这个词语。我们很多人了解世界并不是为了通过（或者通不过）某项测试，作为成年人，我们“活到老学到老”是因为我们愿意去学习。

你不必做到无所不知，但是需要知道哪些东西自己感兴趣，哪些可以让自己兴奋，哪些可以吸引自己的注意力，以及你的客户对哪些感兴趣。这是一个很好的做事起点。

追求卓越，进步永无止境

几年前，葡萄牙钢琴家玛利亚·胡奥·皮尔斯在阿姆斯特丹皇家音乐厅准备演奏莫扎特钢琴协奏曲。当第二个曲目开始时，这位受人尊敬的音乐家脸上突然出现了惊恐的表情。

“她被吓到了，因为她本来想演奏另外一首曲子，”多年以后，指挥家里卡多·夏伊在一个广为流传的视频中说，“她几乎就要跳起来了，就像受到电击一样，非常惊慌。”

你能够想象她为什么会有如此的表现吗？当时，她正站在舞台上，面对着台下的观众，结果却要演奏一首错误的曲子。

不过，在意识到错误之后，意想不到的事情发生了：虽然之前并没有准备，皮尔斯还是凭借自己的记忆顺利地完成了演奏。观众没有发现任何破绽，甚至连管乐团也没有意识到出现了演出事故。

像本能反应一样熟练掌握技艺

从优秀到卓越只差一步。卓越意味着你可以像玛利亚·胡奥·皮尔斯一样把事情做到完美，即使是在演出中遭遇尴尬的局面，也可以本能地凭借娴熟的技艺妥善处理。

达到卓越的境界后，你将获得什么呢？你可以成为一名顶尖的销售员，可以自然地知道自己该如何说话，或者如何精准地回答问题。你可以熟练地做到以下事情：

- 听从内心的召唤。
- 透过言语感知对方的情绪。
- 对客户的招数应对自如。
- 当发生意外（比如，你准备的PPT中出现错误，只有一个有决策权的人参加了会议，全球经济崩溃，你的脚受伤了……）时，你可以从容应对。
- 成为别人的老师。

尽管时间和实践是成为一名卓越人士的关键，但我发现有一些方法可以加速这个进程：

- 搜集反馈意见，包括别人对你的批评和建议。
- 不能自以为是。
- 不断重复练习。

上面这些步骤，你不能三天打鱼，两天晒网。追求卓越是一个持续的过程，充满了新的挑战。你要从错误中汲取教训，成为一个谦虚的人，并且坚持做下去。

批评使人进步

我有一个同事叫巴里（这不是他的真名，他的真名是山姆）。一次，他在与老板的谈话中拿出了随身携带的获奖证书和奖牌。在开始谈话之前，他把这些东西放在桌子上。巴里的工作经验很丰富，但是他从来不去提高自己的能力。

他自己正是自己最大的敌人。当销售业绩下滑时，他会找出各种借口推卸责任。他花费在研究产品和市场的时间远远少于为自己的失败辩解的时间。如果你要求他参加培训，他会指着自己的奖杯，告诉你他根本不需要培训。很快，巴里的奖杯变成了几十年前的古董。随着时间的推移，成功离他越来越远。

当一名销售员不再接受有价值的批评和建议时，他就无法进步。从前天晚上吃的羊排到公司缺少培训，巴里的抱怨可谓无所不包。这破坏了他的人际关系，也夺走了他的晋升机会。（你是否注意到，业绩处于群体中前25%的位置的销售员都会购买一些销售辅助产品，比如书籍、在线学习？你可能会说：“好吧，那是因为你负担得起。”我可以把自己的亲身体会告诉你：他们能够负担持续学习的支出，是因为他们从第一天起就开始在这个方面投资了。）

学习不仅仅是读书、看光盘，或者在线学习。与优秀的前辈一起共事，对于提高你的水平也非常重要。你需要清楚地知道哪些东西可以提升自己，哪些东西对自己毫无帮助。在线学习非常有用——我学过好多内容，但这远远不够。你需要从活生生的人身上听取批评和建议，从而确切地知道自己究竟在哪些方面存在不足。主动让别人批评自己和批评别人同样难，但这是学习的一部分。我建议你像我一样，找一个值得信赖的经验丰富的老前辈，让他适时地向你提出建议，指导你成长。

研究表明：无论你是一个滑雪爱好者、作家还是为人父母，那些积极、直接和建设性的批评都可以帮助你找出自己的优势和不足，从而让你不断优化你的工作。否则，坏习惯只会在你的脑海中扎根生长，直到有一天在你甚至都没有意识到的情况下，把工作搞砸了！

付诸行动

批评是通往卓越之路的阶梯

1．确保对你提出批评的人知道你是为了提高自己

想一想哈珀·李在小说《杀死一只知更鸟》中的经典语录：“除非你站在别人的角度去考虑问题——在你钻进别人的身体里四处游荡之前，你绝对不会真正了解他。”不要以为给你提出建议的人能自动搞清楚你希望达到的目标。一定要让他/她了解一点你的目标，这有助于你得

到正确的建议。

2．找一些能够给你提出建设性意见的人

这点很难做到。因为没有人希望别人告诉他他做错了。为你提供建议的人应当睿智地把赞扬放在第一位，告诉你哪些事情做得正确。我们的大脑在先听到一些表扬后，将会更乐于接纳批评。事实上，《哈佛商业评论》上的一项调查证实，如果一个人接受的表扬与批评之间的比率在1/6以上，那么他的表现要远好于总是受到批评的人。简言之，找一位能够认识你的潜力，愿意友善地为你提出意见的前辈。

3．一次最多只干3件事

在研究一份销售报告时，大脑无法同时记住36件新的事情。在高尔夫球运动上，有一个称谓叫作“挥杆思维”，意思是说在准备做出一杆重要的击球前，你没有时间记住12件不同的事情。所以，一位优秀的挥杆教练往往只会让你回忆一件事情，一件对你具有非常重要的指导意义的事情，可以让你联想起所有其他事情，从而明白下一步该如何做。在销售领域也是同样的道理，一次不要同时处理太多事情，最多只干3件事。

4．建议必须非常具体

我在世界各地的研讨会上穿梭，听到不计其数的销售员声称自己希望获得更大的成功。这意味着什么？很显然，对不同的人有着不同的含义。对一些人而言，成功就是一个月挣2.5万美元，买一辆全新的宝马轿车；对另外一些人而言，成功意味着职务晋升，有时间做慈善活动，或者多花一些时间陪家人。再次强调，无论你有什么愿望，都应制定一个清晰的目标，这能让你获得具体的意见。

你愿意放弃什么

虽然在本章中，我给出的建议看起来非常简单清楚，但是这并不意味着容易。承担责任，从失败中汲取教训以及寻求建设性的批评，三者中没有一个是能轻而易举地完成的。

对我们许多人而言，责备别人比批评自己更加得心应手。我们在孩提时就知道，不让自己受到批评，就可以逃避惩罚，避免父母生气。除非你足够幸运，已经认识到了建设性的批评和诚实的自我评价的价值，否则，我们多数人会将这个不太好的习惯延续到成年。

我想分享一个关于前辈格雷格帮助我顺利度过职业生涯早期的故事。

一天，我们站在办公室的阳台上，前夜的霜还挂在枝头，乌云飘忽不定地浮在空中。

“你新年的目标是什么？”格雷格问我。

“10万美元，”我说，“我想成为公司的最佳员工，我要给自己买一辆白色宝马。”

“喔，10万美元（请记住，当时是1987年，这个数字相当于今天的50万美元）？”他说，“不错，去年你挣了多少？”

“3.3万美元。”

“前年呢？”

“2.905万美元。”

他看着我，挠了挠头。“我假设你可以完成目标，”他说，“只是因为你换了一家新公司，销售不同的产品，所以你突发奇想认为自己的收入可以增加3倍。”

突然，我感觉不是那么自信了。“事情是这样的，莎莉，”他说，“为了达到你之前从未实现的目标，你必须有所舍弃。所以，你希望放弃什么东西呢？”

思考片刻之后，我说："我不知道。"

不过，我没有花费太长时间就找到了答案。每天晚上6点，我会和朋友们准时到鹿角兔酒吧喝酒。我们都很年轻，思维活跃，因此，讨论的主题是如果我们当了老板，业务会做得如何出色。

我意识到，我们所有的谈话并不会让我们拥有一家自己的公司。如果想做得更好，我就需要更多的锻炼。

当我告诉格雷格，我已经决定不再去鹿角兔酒吧喝酒了，取而代之的是在家读汤姆·霍普金斯的书。他对我说："好，这是一个起点，会让你挣到4.5万美元。你还打算放弃什么？"

在那个晚上，我想自己还有一些其他的事情应当放弃。我只知道两个可以通过销售挣更多钱的方式：更多的培训、更多的客户。

我带着自己的计划来到了格雷格的办公室。

"很好，"他说，"这会让你挣到5.5万美元。不过，如果你想成功，还有一件事情你必须放弃。"

我不知道自己还有什么其他事情可以放弃，但我现在不愿意回去，请求他告诉我答案。

"我已经观察你一段时间了，未来你将会非常辛苦，"他说，"我不知道你是否做好吃苦的准备了。"

我心想：他怎么会这么说？只要我决定做的事情，我就可以做到。（无论如何，这是妈妈一直说的话。）

他看着我，片刻之后，说："你必须放弃你的自负。"

当他继续讲话的时候，我压抑着自己的情绪。

"自负分为两种：好的自负和坏的自负。"他说，"好的自负实际上是自信，赋予你取得成功的能力。拥有好的自负的你会这样说：'我想做公司最佳员工，我要给自己买一辆宝马。'"

"然后是坏的自负。"他继续说，"坏的自负就是自以为是。当销售进展不顺时，有这个毛病的销售员会变得怨天尤人。他们刚愎自用，拒绝接受他人的合理意见，他们选择自我满足而不是继续前进。”

我采纳了格雷格的金玉良言，在1994年底挣到了10.8万美元，并且买了一辆全新的宝马。

我希望自己可以告诉你，我已经彻底戒掉了自以为是的毛病，但是每一次它都会卷土重来。实际上，这是我最顽固的恶习之一。

我们戒除了自以为是的毛病，就等于实现了成长方程式。戒除的过程是这样的：我们必须不断地重复练习，最终达到卓越的境界。到那时，你得到的回报将会非常丰厚。

第二章

决策方程式：正确的决定源于美好的情感

真理之二：得到大家的爱戴，与他人建立亲密关系，与人为善，被世人铭记，融入他人的生活，这些美好的心愿能促使你做出正确的决定。如果你能察觉客户行为产生的感情动机，你就离成功不远了。

说出你的决定，要救命还是要省钱

提姆从未想过自己会从事销售工作。他毕业于西雅图护理学校，已经在纽约州取得了直升机驾驶员执照，在密歇根州取得了商业飞行驾驶员执照。他每年通过医用直升机将数百名病人送进急诊室，为自己拯救别人性命的工作感到非常自豪。

但是提姆十分焦虑：空运救护领域的竞争对手正在不断冲击着他的业务。

“怎样才能让医院相信我们的飞行计划优于竞争对手呢？”他问我，“我们的价格更便宜，事实上，我们的收费比别人便宜38%！”价格优势让提姆对自己提供的服务非常自信。他说完之后，我沉默了片刻，然后问：“你有孩子吗？”

“是的，”他回答说，“我儿子11岁了。”

“假设你接到一个电话，是一个坏消息，你儿子玩滑雪板时发生意外，受伤了，而且有生命危险，”我说，“当你接到滑雪巡逻队的电话时，你会在意直升机紧急转送的价格吗？”

“绝对不会。”他回答我。

“你的客户也不会，”我告诉他，“他们只关心一件事：救命。你关注的焦点是错误的。医院评价医疗直升机公司的标准是什么？”

“病人存活成功率。”他回答。

我说：“非常好，那么与竞争对手相比，你们公司病人存活成功率如何？”

“好100万倍。”

“真的！”我大声说，“你们是如何做到的？你们的业务有什么与众不同之处？”

“我们的医护人员非常棒，”他向我保证，“我们公司距离较远，所以需要花费更长时间才能到达现场。不过，我们医疗服务的质量可以弥补到达时间上的缺陷。”

提姆给我讲了一个故事，关于一个高中男生最近遭遇的一场事故。

“竞争对手的设备发生了故障，”他说，“所以用我们公司的直升机运送了这个男孩。在去医院的路上，我们为他做了三次心脏复苏。到达医院时，他还活着。三天后，我们把他送回了家。”

他接着说：“两周之后的一天，我坐在一家星巴克喝咖啡，这时，一位中年妇女认出了我，她忽然哭泣起来，对我说：‘你……你救了布兰登的命。’”

经过点拨，提姆恍然大悟，开始改变策略。他不再像以往一样只谈论价钱，而是关注他们公司提供的服务给客户带来的情感收益。他不再羞愧，可以直截了当地问客户：“选择一家公司时，你认为什么更重要？抵达现场的速度还是救活伤员的人数？”

在我们谈话之后一个月，我又见到了提姆。他刚刚签下了一个公司历史上最大的合同。他是如何做到的？他说自己只是问对了问题，告诉了别人如何救活那名高中生的故事，让客户知道自己将获得哪些情感收益。

化无形为有形，找出客户隐藏的欲望

一旦你弄清影响客户决策的主要因素，销售就会变得更容易。客户需求产生购买欲，而不会降低价格和人为压力。但有一点非常有趣：客户的欲望往往隐藏在潜意识里，是看不见摸不着的东西。

作为销售员，你的工作就是将这些无形的东西化为有形的决策依据。

情绪化的大脑

几年前，神经学家安东尼奥·达马西奥揭开了一个惊天的秘密。

如果一个人的大脑中产生感情的部分受损，那么他不但无法感知到诸如爱、妒忌或者骄傲等感情，而且连吃汉堡或鸡肉沙拉之类的小事都无法做出决断。

理性的思维如果没有情感因素掺入其中，就不具备做出决定的能力。

我们购买东西，不仅仅是出于理性，更多的是感情因素在起作用。在我的培训中，我请参与者画出两列表格，左侧写出他们最近的大宗消费，比如买车、买房、买珠宝等，右侧写下他们认为自己购买的原因。

刚开始，答案如我预料的那样过于简单了。例如，一位参加培训的年轻人告诉我，他买了一个新的LV手提包是因为他需要包装文件。我问他为什么不买一个背包，那样可以装更多东西。

“而且价格上更便宜。”我带着玩笑的口气对他说。

他露出了笑容，并且承认自己经常出差。“我需要别人高看我一眼，”他说，“让他们认为我是一个大人物。”

随后，一位名叫马里奥的男士声称出于未来投资的考虑，他买了一家意大利餐厅送给父亲。在我的几个问题的追问下，他说出了真正的原因。他父亲从来不相信他能够成功，马里奥是想证明父亲对自己的判断是错误的。

无论我们是否意识到这一点，每个人做出的任何决定都是带有情感因素的。我不会责备那些认为自己的理性多于情感的人。毕竟，我没有告诉大家为什么15年前我又重新装修了自己的家。

当朋友们问起我为什么装修时，我对他们说：“因为ELEGANTE家私正在搞促销。”

但实际上，只有我最好的朋友科琳和ELEGANTE的销售员知道我购买硬木地板、加厚的长沙发以及最新风格艺术装饰品的真正原因。

曾几何时，当我在ELEGANTE闲逛时，我会感到心碎、羞愧和孤独。我所需要的是一支永不熄灭的蜡烛，帮我驱散房间内离婚的气息。如果能够自己在店里找到一支蜡烛，我是绝不会张口问销售员的。然后，我遇到了托丽，她是一位如同摇滚明星一般的销售员。她仅仅通过询问和倾听我的话，就发现了我购买蜡烛的真实原因。

销售员认为客户很难对付，但实际上客户很容易被人左右。一个小时后，托丽已经帮助我重新设计了家居风格。毫不夸张地说，她重新规划了我的生活。如果托丽当天只是问我要买什么东西，那么她只能做成一笔20美元蜡烛的生意。然而，她发现了我的核心需求，从而成功地卖给我价值4万美元的家具（价值20美元的蜡烛反而成了附赠品）。

当大家开始用心阅读本章的内容之前，我想花一点时间澄清几个概念。这几个词语我会不断交替使用："核心需求""第三层需求""情感需求"和"主导性消费动机"。

《哈佛商业评论》最新的一篇文章将上述几种需求称为"高强需求"。它们的含义是相同的：深层的情感因素是驱使一个人做出决定的根本原因。在后面的叙述中，我会将这一理论称为"WIFM"（What's in it for me？），意思是客户需要知道，"这对我有什么用？"

怎样才能做到像托丽那样直击客户的核心需求呢？首先，你要了解人类共同的几种核心需求。

掌握客户的7种核心需求

人与人之间的共性大于差异。我们每个人都想拥有良好的人际关系，希望获得更多的时间和更少的压力，希望拥有健康、财富、自由、奇遇、新生和进步。在所有的内容之中，我们都渴望获得人生的意义——一种使命感。

当公司能够与客户进行深层次的情感交流时，公司获得的回报将会非常丰厚。在前面我提到的《哈佛商业评论》一书中，作者举了一个关于信用卡活动的成功例子，这种信用卡由一家知名银行专为“千禧一代”[①]发行，通过关注年轻人的个性化需求，给用户发送符合他们愿望的信息，这种卡迅速得到认可，很快占据了市场70%的份额。

对，是70%，7后面加个0。这家银行的产品没有变化，他们改变的只是让营销手段更符合用户的情感需求。

知名快餐连锁品牌ChipotleGrill最近开展了一项基于客户情感的营销活动，大获成功，登陆YouTube不到两周就获得了650万次的浏览量。他们这么做就是为了引起人们对食品消费安全的关注，其中就涉及动物肉类加工、人工添加激素、有毒杀虫剂等方面。这说明即使是消极、痛苦的情感，也可以成为营销手段。（不过，2015年ChipotleGrill连锁餐厅爆发了大肠杆菌疫情。）

① 指1980年以后出生，在2000年左右达到合法饮酒年龄的年轻一代。他们差不多与电脑同时诞生，在互联网的陪伴下长大。

就在上午，我以高于普通品牌两倍的价格购买了一种“智能水”[①]。(我一直在琢磨，如果这种水真是智能的，它怎么才能做到不让主人以外的人把它喝掉？)

这件事让我思索了很久。如果我们对一件产品没有感情，会去购买它吗？再回到几年之前，我发现自己旁边坐着一位美国最好的轮胎公司之一的销售部的副总裁。在向他介绍了我的工作内容之后，我说：“我觉得想要从情感角度去做轮胎营销有点困难啊。”

“你是在跟我开玩笑吗？”他大笑起来，“你难道没有看过米其林轮胎人的婴儿广告吗？”

这时，我想起了米其林从20世纪80年代就开始发布的广告语：“因为你的轮胎承载了如此之多的东西！”我意识到，米其林在几十年前就已经把“米其林是最安全的轮胎”这个理念植入了我的脑海。喔！

毫无疑问，你和我之所以购买某件商品，是出于下意识的欲望和感情上的冲动。但问题在于，大多数人共有的情感动机是什么？是什么因素促使我们去做出购买和消费的行为？

多年来，为数不多的几个核心的情感动机是我的培训重心。销售员必须发现这些核心动机，才能把商品销售出去。最新的研究已经证实了我的培训内容。在专家和社会学家的帮助下，《哈佛商业评论》的作者们建立了一个“标准情感词汇”，为我们列出了一个清单，里面包含了300个影响人们做出购买决定的情感因素。

下面是我认为对人影响最大的7个核心动机。

1. 安全

随意翻开一天的报纸，你都会看到人们在逃离危险，奔向安全。美国国

---

① SmartWater，时尚矿泉水品牌，自定义为“拥有所有答案的水”。

防部每小时花费超过5700万美元保护人民的安全。自我保护的需求是永恒和无止境的。

我们大脑的自我保护意识是根深蒂固的，所以，我们购买人身保险，进行金融投资、政治投票，选择合适的人生伴侣共创美好的未来生活。我们愿意在今天受苦，是为了在明天能享福。

下列产品正是基于我们对安全和保护的需求而诞生的：

- 金融；
- 不动产；
- 某些软件；
- 医疗保健产品和服务。

2. 冒险

我们参加飞钓[①]、驾驶四驱吉普以及玩一些新奇的小玩意，就是为了在休闲中体验新鲜事物。喝苏格兰威士忌、打牌、去塔希提岛旅行、跳舞、坐过山车、空中跳伞（只有个别人参与），这些都会激发我们冒险的欲望。

简单和复杂的快乐都可以驱使我们去甜品店逛一逛，买下本来不需要的巧克力，甚至为自己买一辆摩托艇。

下列产品针对的正是我们每一个人都有的冒险精神：

- 休假；
- 汽车；
- 时尚；
- 新技术；
- 好酒；
- 饮料。

---

① 一种特殊的钓鱼技术。

3. 认同

托尼·罗宾斯曾经在他的TED演讲中告诉观众“为什么我们会做我们正在做的事情”。他指出：“我们每个人都希望成为别人心中重要、独特甚至独一无二的人。有些人甚至在身体上某些别人看不惯的部位文身和打孔，无非是为了引起别人的注意。”

今天，人们仍然在为自己的“嗜好”——朋友、人脉和声望——燃烧着自己的生命。现在休息的时候，每一小时，“千禧一代”总是在手机和笔记本电脑之间切换25次（工作的时候，这个次数甚至更多）。

几个月前，我参加了一个培训课程，听了关于奥普拉·温弗莉的故事。在这个星球上，她采访的人可能比任何人都多——从各州州长到摇滚明星，再到历届总统。无论是约克公爵夫人、汤姆·克鲁斯，还是迈克尔·杰克逊，在节目的结尾，当灯光关闭，这些世界名流都会问奥普拉一个相同的问题：“今天我的表现怎么样？”

这说明声望也无法给予一个人安全感。实际上，没有东西可以确保安全，因为生命本身就处在不安全之中。

下列产品正是基于这种普遍的认同感，即每一个人都希望自己的人生是有意义的：

- 品牌首饰；
- 名贵汽车；
- 会员制俱乐部；
- 高级酒店；
- 高端家具；
- 运动装。

4. 人际关系

缺乏良好的人际关系会让人产生孤独感和焦虑感。人际关系正是我们存在的目的，它见证了我们的死亡与出生，和我们共同经历心碎与嫉妒。一个人内心产生羞愧和痛苦，往往是由于没有建立良好的人际关系。研究表明，和人相处融洽的人的身体免疫力更好，生病的概率更低；即使生病，也能更快地痊愈。研究还表明，拥有广泛的社交网络，可以让我们更快乐、更健康，也更有成就感。

下列产品正是基于这种相通的人际关系的需求而产生的：

- 珠宝；
- 聚餐、饮酒；
- 礼物；
- 咖啡厅；
- 旅行。

5. 健康

在当今社会，健康并不意味着不生病。这反映了我们对内在和外在健康统一的追求。在过去几年间，SPA（水疗）、抗衰老化妆品、保健品以及其他类型的你值得拥有的产品和服务已经增长了50倍。我们每天都非常疲劳，工作透支了身体，脑子总装满了要做的事情。那些能让人活力再生的产品可以让人在精神上、身体上和情绪上都得到充分地放松——而你可以从这些方面赚到客户的钱。

下列产品正是基于这种每个人都需要的健康而产生的：

- SPA服务；
- 保健品；
- 减肥产品；

- 瑜伽和冥想课程；
- 健身俱乐部。

6. 方向/目标感

在影片《生命因你而动听》中，理查德·德莱弗斯饰演一位职业音乐家和作曲家，名叫格兰·霍兰。他为了和新婚妻子待在一起，接受了一份高中音乐老师的工作。

在30年间，霍兰先生和学生们建立了深厚的友谊，成为数以百计的学生们的音乐和生活导师。当学校为了发展体育和其他学科而决定关闭音乐部时，他开始认为学生们已经把他遗忘了，自己的生活也失去了方向。在他作为老师的最后一天，妻子和儿子带他来到学校的礼堂。他以前的学生们现在都已经长大成人，聚集在这里庆祝他的退休以及一生之中取得的成就。霍兰先生被大家的真情所感动，终于认识到自己的伟大之处。

每当回想起来，我都会被这个故事深深打动。它告诉我心怀理想的重要性。每天为自己设定目标，可以使你的生活沿着自己规划的方向前进。

下列产品的出现正是基于人们对方向感的需要：

- 留下一笔遗产；
- 给我们一次机会回到过去；
- 获得投资潜力。

7. 成长和教育

科学表明，寻求秩序和理性是人的天性。我们每个人都希望弄明白世界是如何运行的。然而，我们寻求知识还有其他原因。我们每个人都有好奇心。我们喜欢将毕生所学传给下一代，希望他们不再犯我们犯过的错误。但更重要的是，知识可以让我们的人生充满乐趣。智慧是如此性感！它可以让我们浑身散发着魅力去吸引异性，在工作中脱颖而出，为团队的成功做出更大的贡献，所有这些都是人类进化留给我们的特质。接受教育的动力就像我们眼睛的颜色一样，也是我们DNA的一部分。

下列产品正是基于人们对成长和教育的普遍需要而出现的：

- 高级培训课程和项目；
- 教育类书籍和光盘；
- 教练和指导服务。

当你问任何一个超过21岁的人，“你生活中最重要的事情是什么”时，你会听到千奇百怪的答案，但基本上不超出上述7种需求。需求的优先顺序可能有所不同，但我们基本的需求是相通的。我们一生中的核心需求会不断变化和转换，但根据我的经验，人们早晚会回归到这些永恒的主题之上。

阻碍我们发现客户核心需求的5种错误

即使是应变能力再强的销售员也会犯错误，不能及时察觉客户真正的情感需求。下面是销售员最经常犯的错误。

1. 提供无关紧要、毫不相关的信息

有的销售员在未能找出客户的核心需求时，会冒险提供一些无足轻重的信息。我将其称为“霰弹枪方法”，即只管开火，希望其中一发子弹可以侥幸地击中目标。

研究表明，如果你给予别人的选择太多，那么他最终会失去关注力。我们的大脑每天都要做出许多决定，一旦我们到达了极限——“临界点”，无论这个决定多么重要，我们都会失去决策的能力。因此，销售员的表达必须简洁明了、一语中的，让客户的关注力保持集中。

2. 未能展示产品的核心价值

为了让客户购买产品，我们必须好好地展示产品的价值。许多销售员之所以失败，就是因为他们提供了价值20万的产品，却只解决了客户2.5万的问题。

比如，坦尼娅的工作是向世界500强公司推销执行力培训课程。她最近向我抱怨自己丢了个大单，但不知道原因。根据她的描述，事情大致是这样的：

客户：我们希望对经理们进行培训。

坦尼娅：太好了。你们看过我们的网站吗？对哪些培训课程感兴趣？

客户：与情绪智力相关的内容。你们如何收费？

坦尼娅：贵公司有多少人参加培训？

客户：15个部门经理。

坦尼娅：好，每人5000美元，共计7.5万美元。

客户：这超出我们的预算了。

坦尼娅：贵公司的预算是多少？

客户：1万美元。

坦尼娅：你可以派两个人参加培训。

客户：非常感谢。（挂电话）

听完坦尼娅这次失败的销售经历，我向她提供了一些建议。“客户打电话说他们想购买你的产品，并不意味着他们已经准备好从你这里购买了。”我对她说，“其实，发现客户的需求很容易，最难的是帮助客户认识到他们自己的真正需求。这和让他们立刻购买你的产品一样困难。”

我给了坦尼娅一些建议，告诉她下次遇到客户的类似询问时该如何回答。

● 询问客户对产品感兴趣的原因。

● 如果客户没有兴趣谈下去，就告诉他们可能的花费或者他们没有想到的其他问题。

● 与客户分享，如果没有这些产品，那么他们可能要付出感情上的代价，还可以告诉他们损失的具体数字。

在后面的章节中，我会详细说明发现客户需求的步骤。然而现在，既然我们已经谈到了感情需求在销售中的作用，那么，下面我就说一下坦尼娅在下次电话交谈时该如何做。

坦尼娅：我想再谈一谈前几天提到的事情。我非常想知道，你们为什么要对自己的团队进行培训？

客户：我们不同部门之间有冲突。

坦尼娅：这可不太好，能告诉我具体情况吗？

客户：销售员不信任管理层，管理层又责怪销售员销售不力。现在我们的内部一团糟，今年已经有6个经理、14个销售员辞职了。

坦尼娅：喔！你们招聘一个销售员的成本是多少？全国的平均成本大约是4万美元。

客户：太对了。更换一个经理的成本更高！太糟糕了。

坦尼娅：我们的情商培训可以降低50%的离职率。单就这一个项目而言，未来一年就可以节省你30多万的成本。你可以挽救你的公司！

这次电话之后，25个经理参加了培训。为什么坦尼娅成功了？因为她按照销售程序，问了客户的根本问题，向客户说明了经济和感情成本。这意味着对方购买她的产品绝对是物超所值的。

3. 降价而不是去发现客户的核心需求

想挣到双倍的钱意味着什么——两倍的客户？想想自己如何才能做到事半功倍，甚至是2倍、3倍……

我上周去科罗拉多州拜访客户，发现了一个有趣的事情：他们的王牌销售员布兰特的收入是公司最差销售员的6倍多，而他们的客户数量是相同的。布兰特一年可以挣到超过50万美元，他的同事只能挣到不足8万美元。

为何差别如此大？因为布兰特不会随便给客户降价，而是去发现他们的核心需求。当客户试图讨价还价时，他总是直接拒绝，而且从来不担心造成紧张的气氛，甚至失去客户：

如果害怕失去，则你永远也得不到。

在小额消费上讨价还价是可行的，在大宗商品上却行不通，只会事与愿违。为什么？当销售价格较高的产品时，你就不能去降低价格，而应该提高产品包含的情感价值。

每次我去墨西哥旅行时，街边的小商小贩总向我兜售羊毛毯。“女士，你看这条毯子多漂亮！你买吗，只要400比索，不，300比索？今天特价，只收你20比索！”

我用自己蹩脚的西班牙语告诉他，价格不是问题。但现在温度是35摄氏度，湿度是100%。是不是吃根冰棍更合适？

当然，现在很多游客只是想买个便宜货，而商贩正是抓住了这一点。然而，如果价格变成了唯一的标准，想要卖出更多商品的唯一方法就是降价或者附送更多赠品。在另外一方面，为了满足客户的核心需求，我们会把情感因素附加在产品的价值之上，当情感价值足够大时，客户自然无法拒绝。

其实，只要这些巴亚尔塔港的商贩们问对了问题，他们就会发现我的爷爷乔曾经送给我一条这样的毯子，但是搬家的时候丢了。如果他们问我是否有过这样漂亮的毯子或者天冷的时候我住在哪儿，我可能就会用500比索的价格买一条毯子。

销售员往往会出于恐惧或者不安全感而随意降价，因为他们以为这是客户所需，或者他们本身也觉得自己的产品比较贵。你应当对自己的产品有信心，告诉客户其中的情感附加值远超产品本身的价格。

4. 产品销售目标错位，把重心放在了客户的次要需求上，而没有针对核心需求

一般的销售员总是强调诸如省钱或者“拥有一件比别人好的东西”之类的次要需求，优秀的销售员关注的却是客户的核心情感需求，而不是去宽泛地界定自己产品的特点。

如果你的推介只是围绕省钱展开的，那么你一定要告诉客户他们省钱的好处，比如用省下的钱可以做其他事情。我的继子艾萨克销售太阳能电池板，他的业绩可以达到公司前20%的水平。当我问他是如何击败竞争对手的时候，他告诉我：

“所有其他的销售员都会强调安装太阳能电池板可以省钱。我则花了更多的时间去了解客户。

“昨天晚上，我发现奥尼尔女士想重新装修自己的厨房。所以，我不仅告诉她每月可以省下300美元，而且建议她用省下的这部分钱去购买大理石台面和顶级的厨具，以提升厨房的档次，我甚至为他推荐了一家生产商。她毫不犹豫当场就购买了我的产品！”

5. 没有去用心倾听

太多的销售员只想着自己接下来说什么，而没有把客户的话装进心里。他们错失了走进客户内心世界的机会。

“我们一直忙于向别人传递自己的信息，而没有打开自己的耳朵，”演说家和销售培训师琳达·克莱姆森说，“所以，我们收不到对方正确的信号，我们的方法不对，没有与对方进行交流。”

在我做销售的第一年中，我的区域经理汤姆·贝内特给我讲了一个关于他见过的最优秀的销售员比尔·詹姆斯的故事。就在不久前，20个客户中有18个人购买了詹姆斯的产品，没有什么能够阻止他不断前进。我们都围在经理身边想听一听细节。“他说了什么？”我们想知道，“他究竟哪些地方比我强？他是如何跟客户沟通的？”

汤姆告诉我们：“他只是努力去倾听。”

比大数据更重要的东西

今天，很多公司花钱进行大数据分析，希望获得更多关于客户情感需求的信息。

虽然多数销售员无法得到数百万美元级的广告预算，但是他们拥有其他更加有效的方法。你与客户面对面进行沟通或者用电话进行交谈时，就有机会建立信任、增进感情、进行询问，并且完美地向客户展示你的产品。

考虑一下什么才是你推销时最关键的东西：如何才能满足客户的情感需求？

如果你能从这个角度深入地思考自己的产品或者服务，你就可以超越竞争对手，提升销售业绩。

付诸行动

不要忘记自己的动力

知道客户为何做出购买的决定非常重要，但决策方程式的另外一端是知道自己为何要卖出产品。只有明白了自己努力工作的原因，你才能在遇到困难时继续前行。你要问问自己：

- 你为何放弃安逸与稳定，去追求人生的转变？
- 是什么让你每天坚持努力工作？
- 如果没有人监督，你仍然会做自己应该做的事情吗？为什么？

● 是什么让你可以拿起电话，拨打号码，然后听到别人说“不”？是自己太年轻，还是因为这是你的梦想，你热爱这份工作？

回答这些问题可以让你离用心销售更近一步。你不必与我、你的另一半或者任何其他人分享上述问题的答案。没有人在盯着你，只有你一个人知道自己的动力，明白自己努力工作的原因——无论这些原因是什么，当你带着答案与客户交流时，乐观的心情就会感染客户。所以，答案来自于直觉，你要找到答案，了解真正的自己。

第三章

自由方程式：构建体系才能从心所欲

真理之三：飞行员在起飞前必须查阅飞行手册；篮球运动员必须不断重复习惯动作，才能提高罚球命中率；面包师必须遵守那些经过时间检验的食谱。销售又怎会有什么不同呢？成功的销售员都有一套自己的销售方法，并且每次都会执行这一方法。这听起来违反直觉，但是你在已经建构好的体系中会获得极大的自由度，能够充分展示自己的本色，与客户建立真正的密切关系。

创造成功的秘诀

几个月前，我遇到一位做房产抵押贷款的女销售员，叫肯德拉。与她简单交谈之后，我立刻喜欢上了她。她充满活力，天赋不错，而且教会了我使用Instagram[①]。

三年前，肯德拉是公司的王牌销售员。“每天去上班让我非常兴奋，”她说，“我站在世界之巅！”

但这一切突生剧变。

“我无法保持生活的平衡，”她告诉我，“我工作如此努力，但长时间的高强度工作让我陷入了恶性循环。”

肯德拉感到非常困惑，她开始寻找各种借口辩解客户为什么没有购买她的产品。随着经济形势的下滑，她失去了领先位置，公司也变得缺乏竞争力。为了寻找更好的工作条件，她接受了一家竞争对手提供的职位，随后又换了一家公司，直到最终她离开房产抵押贷款行业。

听完她的故事，我让肯德拉再谈谈她是如何跟客户打交道的。她与客户进行交流时，往往会找到客户最关切的东西，让对方无法拒绝她。这一切对她而言易如反掌，也让我印象深刻。

当我问她为什么要告诉我这些事情时，她却没有给出明确的答案。

---

① 一款手机APP，可以随时抓拍图片并进行分享。

她说："我就是想谈谈这些事。"

和很多销售员一样，肯德拉从来没有将她的经验付之于笔端，没有总结过自己的做法，也没有停下来思考一下客户们购买或者不购买产品的原因。换言之，她没有找到成功的诀窍，从来不知道自己是不是遗漏了什么关键因素，或者在自己不需要时是不是多做了某些事情。

正是因为她缺少方法，所以工作无法持续获得成功；由于无法持续获得成功，因此她就会对自己缺乏信心；由于没有信心，因此，她的工作和生活就会失控。这又是一个恶性循环。

听着是不是耳熟？

我和很多像肯德拉一样的销售员或者销售主管交谈过，缺少方法是阻碍他们成为卓越人士的共同问题。

作为一位销售员，你需要有自己的一套销售方法。这可以让你沿着正确的轨道行进，在与客户交流时应对自如。如果你管理着一个团队，或者希望有一天可以成为一名管理者，你就需要知道自己做的哪些事情是正确的，然后反复做这些事情，认真总结经验教训，并传授给其他人。我要告诉大家一个好消息，虽然缺少方法是一个普遍问题，但这个问题很容易解决。

遵循一定的程序

为了做好工作，所有专业人士都需要建立某种形式的方法体系。没有合理的工作流程，飞机就无法在空中飞行，足球运动员就无法得分，只能做出错误的射门，医生就会在做手术时被情绪和冲动左右。

那么，在销售领域又有什么不同之处呢？优秀的销售员知道自己销售工作的所有步骤，他们有自己的方法、体系和程序。最顶尖的销售员知道每一个步骤之后的心理，所以当他们偏离正规或者业绩下滑时，他们可以想办法拉自己一把。在每个步骤的指引下，销售员很快就可以重返巅峰。

这听起来有点枯燥无味。你可能会说："你说得太没意思了！我是做销售的，与朋友相比，我的财务更加自由。我需要顺其自然，而不是人为僵化。"

当你挣到钱后，在生活的各个方面，你都可以随心所欲。相信我。

但是，当你用心去销售时，你必须遵循一定的方法体系。

不要觉得规则多么死板，或者缺少人情味。讽刺的是，当我们把那些"必须做的事情"形成自己的体系时，我们才能拥有真正的自由，可以随心所欲，享受快乐，做真实的自己。

像操作飞机一样遵循方法

如果不是我每天抽出7个小时写这本书，你今天就不会读到它。我也找过借口："我觉得今天太没有意思了""苏珊想去徒步旅行""我工作压力太大了"……或者正如谚语所讲："落后得越早，追赶的时间越长。"

有了自己的方法体系，我们就不必每天问这些问题：我是否应该规划上午的时间？如果客户比较着急，我是否可以不用深入了解他？我需要问哪些问题去了解客户？有了方法体系，就意味着你可以不用在每天结束之后问自己今天表现如何了，因为你已经做得很好了。

下面的内容非常重要。

当你沿着地图行进，最终这会变成你的第二本能。你是否听过有人这样评价自己当销售员的朋友："喔，他天生就是干销售的料！"其实，世界上根本没有这样的事。他只不过是刻苦练习，让自己的技能看起来就像天生的一般。每一个取得成功的人都明白这一点。

如果没有方法体系，销售员的心智就会被外部事物干扰，成为自己感情和冲动的牺牲品。晚上外出让你筋疲力尽，所以你会说："这一次我跳过和客户热身的阶段，就一次。"危险！我丈夫是一位飞行员。他有一句口头禅："操作飞机。"换句话说，就是两眼目视前方，按照操作手册驾驶飞机，遇到糟糕天气时清楚该如何采取补救措施，这样你就可以让飞机平安着陆了。销售也是如此。

没错，你需要建立适合自己的方法体系，需要花费相当多的时间和精力，保持关注，不断强化和重复练习，以便确保你不会遗漏任何一个工作步骤，不会马马虎虎地随意工作，或者置工作程序于不顾。

你需要瞻前顾后，了解产品，熟悉流程，掌握方法，这样就可以事半功倍，你的激情也可以感染其他人。只有当你熟练掌握基本的工作步骤之后，你才能真正忘掉它们。

正如埃里克·格雷滕斯在《弹性》中所言："在古希腊，重复是哲学公认的不可分割的一部分。希腊人知道通过重复可以塑造人的行为。我们会丧失专注，荒废光阴，忘记初心，放弃努力，甘愿沉沦，所以我们应当不断重复，用体系约束自己。"

工作程序可以解放你的思想，让你能够敞开心扉面对眼前的客户。

一般而言，所有从事销售工作的人都可以被分为以下三大类型。

1. 完全没有工作方法的人

我上面已经讲过肯德拉由于没有自己的方法而把工作搞得一团糟。一些销售员认为即使没有方法也可以做好销售。他们可能会获得一时成功，但如果没有弄清楚自己哪些工作有效，哪些工作无效，则迟早会碰壁的。

如果你是销售经理，那么缺乏销售方法会带来更危险的恶果。我和朋友珍妮聊天，她运营着一家大型的慈善机构，手下有12名业务员。但是珍妮一个人募集的捐款是12个员工募集的总和的两倍之多。听起来是不是哪里不对劲？

当我询问她的工作流程时，她一时语塞，答不上来。珍妮非常清楚自己该如何做，但没有形成自己的方法体系，并将其分享给她的团队。当你仅仅依赖个人特色和本能反应做销售时，你就无法教会别人，也无法提高自己的效率。

2. 他们有自己的方法，但没有理解方法背后隐含的心理学原理

为了有效执行每个步骤，销售员不仅要总结销售工作流程，而且要学习一些心理学知识，掌握更多技能，学会使用各种工具。

当我还是一个小女孩时，我对玩游戏的热情就已经超过了世界上任何其他事情。大富翁、大战役、秒探寻凶，但凡能叫上来名字的游戏我都爱玩！家里的人都在笑话我。每当我向其他人解释游戏规则时，我就会说："游戏的目标就是获胜。"就这么简单，没有规则，不讲战术——只要取胜就可以了。

在这场名为销售的游戏中，很多销售员都有类似的想法。他们在某种程度上是对的，工作的每一个步骤都有一个具体目标。制定合理的策略是完成任务的必备条件。如果操作得当，最终就能赢得成功。从心理学的角度讲，销售员不仅要知道每一步做什么、怎么做，而且要知道为什么要这样做。"知其所以然"可以帮助你更好地适应市场行情的变化。

请看，当你工作时，任何事情都有可能发生。你忘带材料了，样品没有准备好，技术出了故障……那些"老油条"的销售员们知道，科学的方法加上洞察客户心理可以让他们从容自信地应对突发事件或者意外事故。

如果你相信事情可以按照自己设计的剧本发展，那么你肯定会相信牙仙的传说①。

如果剧本足够好，客户就会按照剧情做出反应。但问题是客户从来不会这样做！最近，我听到公司一位销售代表询问她的客户最近怎么样。

客户回答说："糟糕透了。我的雪纳瑞昨天晚上死了。"

---

① 美国的一个民间传说，孩子们将脱落的牙齿藏在枕头下面，牙仙就会在他们睡觉的时候拿走，并留下孩子们希望得到的礼物。

销售代表回答说："太好了，我们这里的天气也不错。"

（这段对话绝对不是我杜撰出来的。）

如果有人告诉这位销售代表电话联络最重要的目的是与客户建立融洽的关系，那么她可能会对那只可怜的雪纳瑞表现出一点同情。

3. 他们有方法，但坚持不下去

如果想要成功，你就必须坚持练习。同理，为了实现工作效率的最优化，你应当从上级或同事那里收集意见，不断丰富和改进自己的方法。

你也可以通过其他途径，比如持续学习和列工作清单就是两个最好的方法，让你一直沿着正确的道路前进，不至于走弯路和丢掉生意。

阿图·葛文德在他的《清单革命》一书中讲了这样一个故事：美国陆军正在组织飞机生产商进行竞标，建造下一代远程轰炸机。其实这次竞标更像是走一个过场，因为波音公司的299型轰炸机装弹量更大，飞行距离更远，几乎是以前的两倍。

然而，令人印象深刻的是，第一架299型轰炸机在跑道上发生了爆炸。调查显示是驾驶员操作失误所致。波音公司的样机被认为太复杂了，不适合一个人驾驶。

不过，陆军还是决定购买两架这种波音飞机作为样机，并且想出了一个简单的方法：不是增加对299型轰炸机飞行员的培训，而是制作一份飞行手册。结果如何呢？每个飞行员人手一份，299型轰炸机，即闻名遐迩的B-17空中堡垒轰炸机，累计飞行180万千米，没有发生一起事故！

我建议你也制作一份这样的清单，记下你销售工作的流程，结合产品添加一些额外的工作方法或者惯例。例如：你可能想在清单中做出一些提示性的规定——向客户发宣传手册，随后发一封电子邮件，或者展示样品。

下面，你会看到我们针对客户而设计的销售评价手册，经理们借此跟踪销售员的表现，提出建设性的意见，并帮助销售员们及时纠正错误。

请记住：世界上没有唯一正确的销售程序。它会根据公司的不同情况而发生相应的变化。你现在可能已经拿到了一份公司要求你遵守的工作手册或销售程序。我建议的重点是你需要有一个基础方案，一旦事情偏离轨道，你就可以及时调整。

“区分一家公司成功与否的不是他们使用的方法体系，而是无论这个体系如何，他们是否都能严格执行，”甲骨文区域副总裁格伦·泽宁格说，“坚持遵守承诺是成功的企业文化。”

练好你的基本功

如果你还没有找到适合自己的销售方法，下面就是一些基本的要点。

1. 为工作步骤编号

几个月前，我的团队和一家位于多伦多郊外的传播公司合作。他们的销售代表都有自己的工作流程，工作步骤的数量也各不相同，有的人是12步，有的老销售员是17步，而新上任的培训经理格里塔的要求是36步！毫无疑问，销售部门的领导们最大的抱怨之一是销售体系不统一，缺乏连贯性。

你的工作流程步骤的多少没有关系（但如果像格里塔那样的36步，的确是该“瘦身”了），下面才是最重要的：找到那些需要重复的步骤，并且证明它们有用，确保按照逻辑顺序进行排列（如同下表所示）。

分数	步骤	销售表现得分（共计100分）	
5	准备	精神饱满（1）；不先入为主（1）；提前5分钟到达（1）；预判结果（1）；保持专注（1）	
5	见面问候	第一印象（1）；彬彬有礼（1）；职业表现（1）；友好、微笑和握手（1）；传递热情（1）	

（续表）

分数	步骤	销售表现得分（共计100分）	
10	热身	融洽地提问（5）；聊聊家常（3）；可信赖地表达（2）	
5	事项安排	今天的预期目标——完成的事项，计划发现的问题（3）；自然过渡（2）	
10	公司和产品介绍	清晰（2）；时间表（2）；获奖情况（2）；延伸（2）；没有跑题（2）	
20	发现问题	确认问题（5）；发现拒绝之处（5）；建立产品定位（5）；主要购买动机（5）	
5	问题确认	主要购买动机（2）；问题（2）；可能的拒绝（1）	
15	产品定位/介绍	产品使用问题（3）；交流要点的流畅（3）；第三方评价（3）；关联，发现信息（6）	
5	定价	案例（1）；质量为上（2）；强调收益（1）；描绘蓝图（1）	
10	成交和结束	总结整体表现（2）；重申有价值的建议（2）；询问业务（2）；确认（真正的）拒绝（2）；消除拒绝（2）	
加分		表现的把控和流畅程度	
		消除拒绝	
总分			
表现突出之处		1.	
		2.	
改进之处		1.	
		2.	

2. 为工作步骤命名

你需要对每一个步骤进行命名，这可以帮助你记清当前所处的工作阶段，并为下一个步骤做好准备。取名时不要脑洞大开，取一些稀奇古怪的名字。比如，我最近有一个客户把他们的工作流程称为“章鱼”，因为里面包含8部分内容。这太容易引起歧义了！

3. 采取“硬性规定”

几年前，一家大型餐饮公司委托我的团队对旗下超过100个销售网点开展培训。我们第一步工作是对表现优秀的员工进行调研，勾勒出一个由高效行为组成的体系。管理层找来了一名优秀的主管——玛利亚·玛格纳特，她的团队在整个公司中是出类拔萃的。对她进行访谈之后，你很容易就能明白她是如何做到的。

这并非因为她很聪明或者她是一个坚持学习的人，而是因为她制定了一个她称之为“不可协商”的工作制度。她坚持将这个制度作为团队的“硬性规定”之一。

玛利亚如是说：“‘不可协商’是每个员工必须遵守的基本规则，有助于优化客户体验，提高销售业绩。我们规定的内容很少，所以每一个人都很容易理解并记住它。我坚信有了‘不可协商’制度，或者说核心准则，你就可以释放你的活力。原因在于你知道基本的行为要求，然后你就明白应该如何把自己的真诚、创造性以及全部自我融入每一天的工作之中。”

哪些内容是不可协商的？不同的公司会有不同的规定，同时，不同的销售员在授权范围之内也会存在差异。下面是一些参考建议：

- 会见客户时，坚持提前5分钟到达。
- 通过提问找到客户的情感需求和痛点。
- 皮鞋锃亮如新。
- 24小时之内电话或者电邮回复客户。
- 展现职业的形象。
- 至少讲3段感人的故事。

“‘不可协商’会让销售员拥有安全感，”玛利亚说，“不过，更重要的是，这可以让他们做真实的自己。”

4. 开发技术能力

玛利亚还倡导要开发个人的技术能力。你可以通过网络社交平台展示自己，还可以借助其他技术方法拓展与客户沟通的渠道。这些新技术你要活学活用，与技术共进步，与客户同成长。

5．记住购买的程序

在公司，我最喜欢的一个练习是，要求参会人员（往往是销售员和销售总监们）写下他们销售工作的程序。大部分人都会毫不费力地草草写下他们工作的每一个步骤。让我印象深刻的是，在同一家公司工作的销售员们也接受过相同的培训，给出的答案却迥异。太有意思了！

随后，我提出了一个简单的问题：客户购买一个产品会经历哪些步骤？不是销售的步骤，而是购买的步骤。

现场的人开始“咯咯”地笑起来，但我能够听出笑声里的紧张和不安，他们在椅子上坐立不安，最后开始相互低声讨论起来。我向大家解释了我的看法：

我们花费了太多的时间去讨论销售的程序，但是没有给予足够的时间去理解购买的程序。

谨记：客户是在他们情绪大脑的驱动下做出决定的。当你看到客户时，你是否问过自己：“他们的脑子里在想什么？”如果你能问这个问题，我会感到非常欣慰。在销售时，这可能是你需要问自己的最重要的问题，对于构建自己的销售方法体系至关重要。

20世纪60年代，保罗·麦克里恩因提出“人脑三位一体”理论而闻名于世。根据他的研究，人类的大脑分为3个部分。（最近，神经学家们开始对这种“三位一体”理论的准确性提出质疑，但我可以根据自己的亲身经历告诉你，我已经教授别人这个理论15年了。根据销售员的反馈，与其他理论相比，这种理论可以让他们更好地从心理学角度去理解人的行为。与其争论理论的正确与否，不如直接去使用它！）

这一理论成果之所以对销售员非常重要，原因在于：在与客户交谈时，他们正在使用大脑3部分中的某一个部分。你的工作就是准确地分辨出某个时刻他在用哪个部分的大脑进行思考，会做出什么样的行为。

不用过多的技术分析，麦克里恩把人脑的第一部分称为“爬行动物脑”（即旧皮质）。

想象一下，你的客户正在把自己变成一只“蠹蜥”。你见过蠹蜥吗？它们外形丑陋，令人毛骨悚然。它们想的唯一一件事情就是活下去。

当你的客户进入“爬行动物脑”的思考模式时，他想到的所有事情就是产品的毛病和价钱——具体而言，就是无论你卖什么，他都觉得贵。他们不会去思考自己需要多少产品，而是用蠹蜥一样的小眼睛盯着你，甚至连眼睛都不眨一下，只想着在石头下面爬来爬去，找苍蝇吃。

当客户用“爬行动物脑”思考时，你很难让他们爱上你的产品。

因此，你的任务就是将客户的思维方式从“爬行动物脑”切换到“中脑”（即边缘系统）。（听着有点奇怪吧，但大脑各部分的名字不是我自己随意编造的，所以请不要责怪我。）“中脑”最容易想到的事情是香槟，戴上狂欢节的帽子，加入狂欢的队伍吧。一般来说，在“中脑”的支配下，你能够听到的唯一声音就是“乌拉乌拉……”的欢呼声。这正是你期望客户达到的状态。

在“中脑”模式下，他们热爱生活，热爱你的产品，热爱你，愿意立刻刷信用卡去购买正确的产品。所以，如果“爬行动物脑”是瞪着小眼睛的蠹蜥，“中脑”就是带着狂欢节帽子的客户。在午夜时分的拉斯维加斯音乐俱乐部的VIP包房，他不会小口抿着香槟，而是大口大口地往嘴里灌酒。

你见过带着狂欢节帽子的蠹蜥吗？从来没有，也不可能出现。因为人不可能让大脑的两个不同部分同时工作。你要么是“蠹蜥”，要么是拉斯维加斯俱乐部VIP包房里的狂欢者，但你不可能同时拥有这两种身份。

我是不是告诉过你人脑分为3个部分？现在，我就告诉你第三个部分——“新皮层”（即新皮质）。

在“新皮层”的作用下，人会去理性地思考。这个产品对我是否有好处？它有什么价值？安全吗？耐用吗？客户需要这些信息，他会通过“新皮层”判断是否值得购买一种产品，然后传递给“中脑”，最终做出决定。（其他人也会参与到这个做出购买决定的过程）所以，你真正的工作就是让客户走出“爬行动物脑”模式，让他们感到愉悦，就像在拉斯维加斯的俱乐部中喝得酩酊大醉一般，然后让他们开始进入“新皮层”模式，让他们用充分的理由说服自己决定购买你的产品，也就是说，他们是心甘情愿去买的。

许多销售员犯下了致命错误，总是想让一只“鼍蜥”去了解产品的特点，知道产品的价值，运用感情和理性……去购买产品。

“鼍蜥”不在乎什么特点和价值，所有的“鼍蜥”只想要活下去，活下去意味着他们不会去买你的产品，因为它太贵了。所以，再次重申，你必须引导客户走出“鼍蜥”的状态，走进拉斯维加斯的俱乐部，然后进入我们所有的“计算阶段”。在这个阶段，他们需要掌握你的产品是否有趣、可靠，是否结实耐用，而这些信息正是你可以告诉客户的。

下一次你见到客户时，你一定想知道“他脑子里正在想什么”。现在，你应该已经知道答案了：或者是“鼍蜥”一样的原始状态，或者是在俱乐部一样的冲动状态，或者是斤斤计较的理性状态。销售员应该仔细分辨出客户所处的状态，这可以引导他们按照你设想的方向前进。

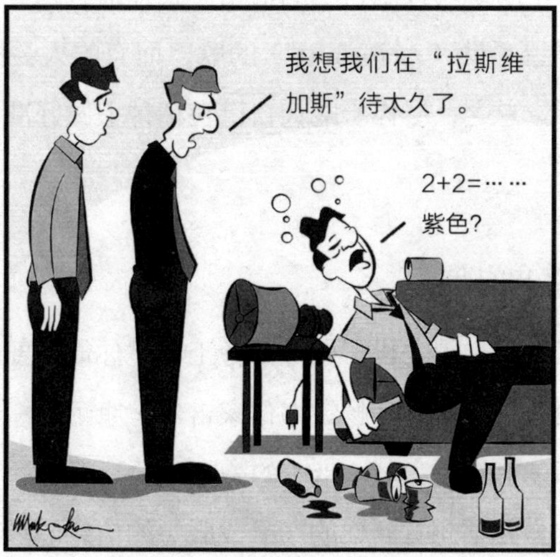

总结：销售成功的关键步骤

现在你已经知道了销售过程的基本组成部分，下面让我们详细看一看一次成功的销售有哪些必不可少的因素。我再次强调，没有绝对正确的方法，只有合适的方法。不过，在销售过程中，你必须认真考虑客户做出购买决定的心理过程，为此，你必须遵循一些基本步骤。

1．精神饱满

如果我们不能管理好自己的情绪，那么又怎能调动客户的情绪呢？努力让自己处于“精神饱满”的状态——我的同事希恩·哈里森这样称呼这种状态。许多顶尖的销售员不断练习控制自己的情绪。我知道有一些销售员在做电话销售前都会听空中铁匠乐队（Aerosmith）的歌，而有的人会做祈祷，你也许深呼吸两口就可以了。总之，尽你所能让自己在精神上做好准备，因为情绪是会传染的。

2．做好会见客户的准备

要想在销售工作中占得先机，做好准备工作是你最重要的一个环节。没有客户不等于没有销售。我有幸和畅销书作家吉尔·康耐斯一起组织了一个培训班。当你希望开拓一笔新生意时，吉尔的一个重要建议是：

疲惫不堪的客户并不想听到你的产品或服务的信息。只有当你激发他们的好奇心或者引起他们思考时，他们才会愿意让你接近他们。以下信息可以做到这点：

- 其他公司是如何介绍类似产品或服务的。
- 实现他们期望达成的目标。
- 行业的发展趋势。

你的信息必须简短、准确、直中要害。所以，你必须花些时间组织好自己要表达的信息，以确保能够引起客户的共鸣。优秀的销售员每天早上醒来想到的第一件事就是客户。当然，你可能想先喝杯咖啡，喂喂狗——但这也要排在客户之后。

约完客户之后，再去检查电子邮件、草拟发言提纲或者计算你的佣金。为什么要这样做？“凡事预则立，不预则废。”如果你只是消极地准备，你就很可能会遭到客户的拒绝。你每天都要留足时间来做准备，就像在拉斯维加斯的俱乐部中与“鳘蜥”见面一样，让任务变得更加有趣，这样你才能投入全部的关注。

3. 热身

热身其实很简单，就是通过融洽地接触和释放善意来建立与客户的信任基础（在第五章我会深入讲解这个问题）。要记住：热身并不是去发现客户的需求。有的销售员会犯糊涂，直接在这个阶段向客户提出问题，试图发现他们的需求。这会引发双方关系紧张，让你的客户感到非常难受。在热身阶段，我们的目标是和“鳘蜥”交朋友。除此之外，你在发现客户的关注点之后，要对他提出的问题对答如流。总之，你要引导客户进入“派对狂欢”模式。

4. 表达意图

你要让客户知道销售的流程大致是什么样子以及你的目的是什么。给他们一个议程表，讨论一下彼此的期望值。这样不仅可以消除紧张情绪，而且可以展示你的能力和诚意。你可以用下面的话开始自己的表述：“这是你可以达到的目标。我们许多客户都会询问关于某某方面的问题，所以我会先从回答这个问题开始咱们的谈话。”

如果缺少这一重要步骤，客户就会感觉好像在被人牵着鼻子走。下面就是一个很好的例子。

多年以前，我在一次座谈会上认识了一位名叫内莉的女士。15年后的一天，我接到她从伯明翰打来的电话。内莉重新介绍了自己，并且希望以后和我保持联络，东拉西扯之后，最终她说明了给我打电话的原因：她生意失败，想向我借1万美元！“鼬蜥”出没，请注意！为什么不在谈话之初直截了当地说明来意？何必拐弯抹角呢？

在我们开始表达自己的意见时，我们无法阻止客户产生被欺骗的感觉。例如，如果你邀请朋友共进午餐，目的是推荐你的业务或者推销某项金融服务，一开始你就要告诉他你的来意，不要来回踢皮球。在后面的章节中，我们会详细讨论如何才能妥善地表达自己的意图。

5．发现问题

我还是喜欢将这个步骤称为“发现他们心里在想什么”。销售员总是迫不及待地想推介自己的产品，但是否购买的决定权在客户，而不在销售员。通过询问“5W”，即谁（Who）、什么产品（What）、何时（When）、何地（Where）、为什么（Why），你就会发现客户的真实感受和“痛点”。根据我的经验，没有什么比提出问题更好的方法能提高你的工作效率了。这就是我要专门用一章讨论如何提问的原因。

6．信息确认（确认发现的问题）

在你“发现他们心里在想什么”之后，你会在脑子里回顾一遍客户的购买动机、提出的问题、有可能拒绝的地方——最重要的是，他们在哪些方面认同你的意见（我会在第八章详细讨论这一点）。

大部分销售员都没有做到这一点，但这个步骤非常关键。正如作者马克·古尔斯顿所言，这可以让客户“感同身受”，知道你是站在他的角度考虑问题的。这也可以让你知道自己获取的信息是否准确和完整，帮助客户明白你的产品是如何满足他的实际需要的。如果销售的周期比较长，你就应该在每一次见面的开头，都要向客户确认上次你们谈话的内容。

7. 产品展示

在这个步骤中，你要展示样品或者通过其他方式说明产品的使用方法。在你发现“他们心里在想什么”之后，你要给出明确的答案。这样可以让客户获得自己所需之外的信息，也可以让他知道你的产品是如何解决他的问题的。最重要的是，你需要引导客户改变精神状态，让他产生购买的冲动和迫切感，并接受你的推销。

8. 结束（发出购买要约）

这是最后一个步骤，非常重要。在冲刺之前，你要拿出奥运会运动员的水准，做好最后一步工作。在你要谈到价格、发出购买请求或者准备结束销售流程前，你应当征求客户的意见，让客户对产品产生亲切感。比如：现在你感觉如何？你会如何使用这个产品？谁会用它？在你完全弄清楚合同的条款、细节之前，不要向客户发出购买的要约。我们会在第九章讨论如何防止客户拒绝，并请求客户下订单。

只是在你的销售程序中加入上述步骤还远远不够。你还需要问自己：“我为什么要这样做？我如何才能做好？”即使你心中尚无答案，也不必担心，这本书会告诉你答案。

平衡好融洽的客户关系和购买的紧迫感

请回忆一下你最近给客户打的几个电话。当你第一次开口时，他们是乐意和你继续谈下去，流露出购买的兴趣，还是怀疑、烦躁和缺少耐心？如果是前者，就说明你工作到位了。事实上，大部分消费者不接受推销，你的工作就是把他们消极的情绪扭转为积极的情绪。

如果你有一套自己的销售方法，那么不仅有助于增加工作的连贯性，而且有助于做到销售工作的平衡。以销售中最困难的部分为例，销售员既要和客户保持融洽的关系，又要激发他们购买的紧迫感。实现两者之间的平衡，确实是一件十分困难的事情。怎样才能做到既保持心灵的交流，又不伤和气地卖出产品呢？很多销售部门的负责人告诉我，他们最大的挑战就是平衡两者之间的关系。

传统观点历来认为，销售要交朋友，建立融洽的人际关系。只有那些和蔼可亲、精通为人之道、能够抓住客户购买心理的销售员才能卖出产品挣到钱。

但是客户也在不断进化，他们的选择更多，信息来源更丰富，随之而来的就是销售工作的复杂性不断增加。这让销售员们越来越难以准确分析客户的心理。

有进一步的证据证明：现在最好的销售员不仅要善于与客户建立信任关系，而且在表达观点时要不卑不亢，非常自信。

根据马修·狄克逊和布伦特·亚当森的作品《挑战式销售：引爆第四次

销售革命》的说法，潜在客户在某些时候的最大需求就是告诉他们需要什么。你的角色就是帮助他们弄清自己的需求，要做到这一点，勇气是必不可少的。情感引导能力和提出尖锐问题的能力决定了你的销售是否会成功。现在，最优秀的销售员可以兼顾融洽的客户关系与自信的决断能力——这便是本书倡导的“用心销售”。

简而言之，顶级的销售员们不仅有一套自创的销售方法，让自己按照正确的程序和步骤进行销售，还可以根据客户感情的变化调整自己的情绪。

依我的经验，许多销售员要么过于委曲求全，要么过于咄咄逼人。他们没有自己的方法，技艺生疏，缺乏自信，所以注定不会成功。在这一点上，正如金发姑娘所说，一切都要刚刚好[①]。

你做到人情练达了吗

我们来认识一下苏西，她是一个从来不会拒绝客户的销售员。

每当与客户见面时，苏西都充满活力。所以有很多人一直好奇：“在这个月见第30个客户的时候，她是不是还那样兴奋？”

苏西从来不会拒绝客户，不管这些客户是否会购买她的产品，她都会花时间和他们相处。客户会邀请她参加感恩节的晚餐，而她还会给客户牵线当“红娘”。

苏西交了不少朋友，但是很少卖出去东西。显然，她在为人处事方面出了纰漏。

你是否见过这样的场景？当你出现以下情况时，你就会像苏西一样处处迁

① “金发姑娘”源自童话《金发姑娘和三只熊》的故事：金发姑娘发现了三只熊的房子，每只熊都有自己喜欢的食物和床。在挨个尝试过三只熊的食物和床后，金发姑娘发现一个太大、太热，一个太小、太凉，只有一个是“刚刚好”。故事的寓意是凡事都必须有度，而不能超越极限。

就别人。

● 你和客户关系良好，但当涉及销售时，你退缩了。（你害怕冒犯他们，或者担心这会破坏你们之间的关系，但是这个人际关系的核心在于你是卖家而他是买家！）

● 你绞尽脑汁维护自己与一个老客户的关系，而不是关注下一个客户。

● 你提供了本分之外的东西。

● 当你报价后，你立刻降价或者赠送非洲游、5年的售后服务，或者升级的音响系统，这些东西牺牲了你的可靠性和自尊。

你过于功利吗

我们再来认识一下托尼，他是一个虚情假意的人。

托尼经验老到，他语速很快，不相信任何人，经常使用诸如“我们的关系一直都很不错”“简单一点，别那么麻烦”和“喝咖啡是为了讨好别人”之类的话，当然还有“客户都是大骗子”。

托尼可以熟记十几个客户的联系方式，知道一切问题的答案。他明白第一次说“不”只是销售游戏的开始。他的功利心表露无遗，就像他使用的须后水。他从来不去倾听客户的话，最糟糕的是，他卖不出一件产品。

或许，你可以从托尼身上看到一点自己的影子，尤其是当你感觉到客户离你而去的时候。

你知道像托尼这样的销售员有什么特点吗？

● 当你感觉到客户正在丧失兴趣，你不去查明他们不感兴趣的原因，而是开始一遍又一遍地讲述产品的性能和好处。

● 单纯为了让客户产生购买的急迫感，在此错误思想的指导下，你大讲特讲各种技术方面的话题。

● 你失去对工作或者对生活的兴趣，感到索然无味、无精打采和疲惫不堪。当然，你会说，这都不是你的错。

你已经认识了苏西和托尼这样的人，因为这样的人在销售行业不胜枚举。

你也有可能介于这两种极端情况之间。当你完不成销售任务时，你会变成托尼；当你缺乏自信时，你更像是苏西。一个好消息是，你可以改变自己的销售策略，在灵活性和可操控性之间保持一种健康的平衡。让我们看看别人是怎么做到的吧。

中间路线：自信而不失优雅

这些自信的销售员不断地询问自己：

- 我提供的信息是否有价值，是否有别于竞争对手？
- 我的客户感到烦躁了吗？
- 客户是不是关注我的话？
- 我是否需要提出一些关键的问题？
- 除了销售产品，我还能在其他方面帮到客户吗？
- 客户是不是感到害怕了？“要么打架，要么逃跑”的情绪化反应是不是正在袭击他的大脑？（现在他是不是一只“鬣蜥”？）
- 客户是不是紧张了？
- 在他表现出明显的购买意向时，我是否应该请他购买我的产品？
- 我是否应该缓和一下场面？

我的同事乔·麦克格里芬经常说：“销售员最重要的工作就是控制客户的精神状态。”所以，当客户感到担心时，你可以讲讲故事或问几个问题让他放松下来，产生积极的记忆；当客户感到烦躁时，你应该加快进程，简单明了，将产品的特性与客户的关注点结合起来进行讲解。

少想一点自己说什么，多想一点客户的感受。

接纳是成功的关键

我记得自己刚走上经理岗位时，我都会为自己团队的每周销售培训例会进行精心准备。当我问老前辈："我培训完销售的12个步骤之后，我该讲什么呢？"

他的回答是："可以结束了。"

这个回答很有禅意，也很正确。

第四章

抗挫方程式：在销售中，说“不”并不代表拒绝

真理之四：你是不是被恐惧吓破了胆？好吧，顶尖的销售员深知，一个人越是感到恐惧，就越需要及时应对恐惧。你所担心的事，正是你必须要做的事。你越是担心发问，就越应该提出自己的问题。在本章，我们会审视人们脱胎换骨的过程。失败是不可避免的，快速从失败中恢复是一项生存技能。这项技能可以充实你的心灵，让你的钱包鼓起来。

“谢绝推销”其实是销售员的机遇

我的朋友约翰·莱纳曾在上大学时用挨家挨户敲门的方式来推销《百科全书》。所有这样做过的人都知道它是多么摧残人的信心。大多数人看到你进来后，都会把你扫地出门。

但是导师的一番话让约翰终生难忘。导师告诉他：“去那些挂着‘谢绝推销’的房间吧，他们是你最好的客户。”

约翰感到很困惑，他问导师：“怎么会这样呢？他们不是已经挂出牌子了吗，显然是对买东西不感兴趣。”

“恰恰相反，”导师说，“正因为担心自己会买你的产品，所以他们才挂出牌子，避免自己受到诱惑。”

再回想以前，许多妇女待在家里做全职主妇，而丈夫们担心妻子会乱买东西，所以才在窗上挂一块牌子拒绝推销员入内。

约翰把导师的话记在心间，他开始以挂着“谢绝推销”的房间为目标，而且几乎每一家都做成了生意。他从此成了当地的明星销售员。

故事还没有结束。作为一个年轻的创业者，约翰有了新主意。他不再去推销《百科全书》，而是开始向那些没有挂牌子的房间出售“谢绝推销”的牌子。当有人应门时，他会说：“我猜你对像我这样总是挨家挨户敲门推销的人非常厌烦，但是我的牌子可以帮助你把在我之后的推销员们拒之门外。”

约翰靠着这种机智的办法来挣钱供自己读完了大学，还小赚了一笔！

瞄准说“不”的人

很多销售员一听到“不”这个字眼就会感到垂头丧气，我理解其中的原因。如果你像大多数人一样，童年记忆中充斥着拒绝的话，比如“不，你不能吃甜甜圈……”或者“不，现在你不能在外面玩……”那么这会让我们从小就开始害怕“不”字，一听到它就畏缩不前。

销售员在生活中会经常遇到客户说“不”的情况。如果你从未处理好自己对“不”这个字眼的抗拒心理，你就永远无法实现自己的目标。

销售员经常被教导，拒绝是销售的一部分，需要去克服。但优秀的销售员对此有不同的理解，他们反而会主动寻找拒绝自己的客户。他们不会预设自己一定要卖出多少产品，而是庆幸有人拒绝自己，从而汲取宝贵的经验教训。

我那位推销《百科全书》的好朋友约翰就是这样，不仅不惧怕“不”这个字眼，还专门盯着那些拒绝他的人做生意。

如果你理解了为什么有人会拒绝你，你就可以查明客户拒绝的原因，然后通过艰苦的电话沟通来找到打破你们之间障碍的方法。“好人不一定吃亏”——虎头蛇尾的人才会吃大亏。你可以问问奥运会运动员是不是这个道理。

“枝头花儿俏”

如果是站在树下摘樱桃，你就会同很多采摘者竞争。但如果你能爬上高处，收获将会非常丰厚。正如我的一位做销售经理的朋友所言："枝头花儿俏。"

他把成功的销售比作攀爬到树梢去摘取更美丽的花朵。他说："勇气是销售员最重要的美德。"优秀的销售员都善于把握机会，在面对拒绝时依然保持不可动摇的定力，因为他们将失败视为走向成功之路不可缺少的一部分。

鼓足勇气面对恐惧

- 你最不想打的那个电话正是你必须要打的电话。
- 你最不愿意问的那个问题正是你必须要问的问题。
- 你最担心的那次会谈正是你必须要参加的会谈。

现在就去做吧！列出10个你不愿意联系或者觉得见面尴尬的人，包括大客户、不想打电话的人、你害怕见面的人。很好！这是最简单的部分，后面才是最难但也是最应该去做的部分。拿起电话，敲开门，去接触这些人，然后向他们推销你的产品吧！

让拒绝成为你前进的动力

想想那些英雄、企业家、思想家以及他们的成就。我敢保证，他们正是在一次次的反对声中成就了自己的丰功伟业。

- J.K.罗琳在《哈利·波特》系列小说被伦敦的一家小出版商出版之前，她曾被几十个出版商拒绝，包括企鹅——而这一切都是因为在8岁女儿的坚持下，她才不断去投稿。
- 宝丽金唱片公司告诉披头士乐队："我们不喜欢你们的声音，吉他已经过时了。"
- 在《布莱克法律词典》第三版（1969年之前出版）中，"商业上的不可行”被定义为“登陆月球”。

你是想做大生意还是想给自己设定一些容易实现的小目标？你是愿意“吃一堑长一智”，还是想成为一个只会抱怨世间不公的失败者？你应该坚守的底线是必须接受这样一个事实：如果承受不住奚落和窘迫，你就永远无法成功。因为这是你成功必不可少的组成部分。

当你改变了对于拒绝的态度，你的销售工作和生活就会随之发生改变。勇气是一种力量，可以让人变得更加强大，敢于面对客户的拒绝。没有人能够摆脱痛苦、烦恼和失败，但勇气正是来源于痛苦，力量来源于勇气。

为什么拒绝是必不可少的

1. 拒绝可以让你更加强大

“不经历风雨，怎么见彩虹”这句话是真的吗？我访谈过数以千计的销售主管，我问他们：“当销售受挫时，你会怎么样？”他们几乎异口同声地回答：“没关系，正是失败让我走到了今天。”这是大家的共识。

当然，当他们还是菜鸟时，失败会伤害他们。但是，回顾过往的生活，我想你的成长经历中肯定遇到过更换工作、失去伙伴或者其他艰难的时刻。当经历过这些挫折之后，你会更加强大——拥有了新的技能和经验。下面是我经历过的一些艰难时刻以及当时自己的心态。

- 如果没有经历一场可怕的离婚，我就学不到如何与自己的真爱建立良好的关系。
- 如果没有与客户关系破裂，我就学不到如何更好地解决冲突。
- 如果不是在而立之年被公司解雇，我就不会去追寻自己的梦想，并创办一家培训公司。我永远也无法忘记，当我听到下面的话时自己痛苦的心情：“我们已经尽力了，非常抱歉。”当我驾车行驶在离开丹佛的马里奥特公司的路上，我打开收音机，正在播放老鹰乐队的歌曲，歌词是：“一瞬间，一切都已改变。”突然，我泪流满面。直到一年后，我才明白离职对我而言是一件好事。

做销售固然要在感情上付出成本，但你会收获更多。我从来没有想过自己是不是入错行了或者这一切是不是值得。帮助别人、带领别人以及从失败中吸取教训都不时地像噩梦一样缠绕着我，但我一直能够感觉到自己存在的意义。你从失败中收获越大，与他人分享的经验越多，失败给你造成的伤害就越小。我们可以把失败当作测试你思维模式的试金石：失败是在帮助你进步，还是在阻碍你成长？

2．拒绝能让你变得无所畏惧

我们每一个人都会恐惧，害怕别人拒绝而产生的恐惧往往排在首位。这种恐惧让一些销售员不敢去接触客户，他们甚至拿起电话都会浑身颤抖。

当我发现自己在恐惧什么的时候，我会扪心自问：“最坏的结果是什么？”这样我的恐惧就减少了几分。其实，最坏的结果不过是自己会觉得尴尬或者努力白费而已，这并不像我之前想象的那么可怕。

当你感到害怕时，你一定要采取措施，要勇敢一点，告诉朋友或者师傅你究竟在怕什么。下面是一些我感到恐惧的事情（不包括个人生活中的恐惧，比如失去家人、日渐衰老、一个人带着一条贵宾犬住在费尔法克斯区的公寓里）。

- 我从来没有像别人那样优秀，比如我母亲、兄弟、同事、竞争对手……
- 我晕头转向，不知道自己在做什么。
- 我没有什么新内容要对客户说。
- 我风光不再了。
- 别人会嘲笑我。
- 我的人生没有意义。

噢……那种感受真是太糟糕了。但我现在感觉好多了，所以当你不顺心的时候，你也可以试试。花片刻时间，写下你恐惧的事物以及最坏的结果……

恐惧会拖你的后腿，将它们写在纸上可以让你敢于面对它们，和别人分享内心的恐惧可以让你认识到恐惧其实是一件很平常的事。我们当中有许多人对自己的情感充满了恐惧，但就像我们看到的那样，感情是高超的销售技巧中不可或缺的组成部分。换言之，我们必须能够阅读、品味和感知对方的感受。有时候，做到“感同身受”并不是一件容易的事情，所以我们总是在逃避，不愿意体会别人的感受。如果这样，我们就等于关上了发现客户需求和为他提供解决方案的大门。

就像我将在第九章中讨论的那样，“情感化的销售”和“情绪化的销售”是截然不同的，后者意味着你是在消极的思想和心态主导下从事销售工作。

销售达人兼作家克伦·斯坦利在其《销售员的情商》一书中说，销售员面临的一个最大的挑战是如何克服“要么战斗，要么逃跑”的情绪化反应。当我们经历恐惧时，我们会变得以自我为中心，将所有注意力都集中在自己身上，对自己的感受患得患失，而没有心思去体会客户的感受。当客户的某些言语刺激我们时，斯坦利建议我们告诉自己这是一种什么样的感受，毕竟沮丧和羞辱是两种完全不同的感受，解决的方法也不相同。

当你把客户的拒绝视为无物时，你的尴尬和羞愧都会烟消云散。你是不是没有想到你敬佩或抱有期待的人说过“不”？有时是时机不对，有时是你的方法不对，所以有时你不得不去拒绝别人。如果你可以拒绝别人，那么别人也可以拒绝你。

3．拒绝可以让你挣钱

你是否有过没被拒绝而马上卖出产品的经历？我的意思是一次说“不”“我对这个产品不感兴趣”之类的话都没有。这不是销售，这是你在接受客户的订单，你可能还会问客户：“你还需要其他产品吗？”拒绝是你销售过程中至关重要的一部分，拒绝意味着客户对你的产品感兴趣。这还不够吗？

如果他们不感兴趣，那么何必花费精力拒绝你呢。我记得有一次去参加一个在夏威夷瓦胡岛召开的关于个人成长的论坛。其中有一个叫金的女孩最近和男朋友分手了，她显得非常绝望。一天早上，我看到金正在系自己跑鞋的鞋带。

“你去哪里？”我问她。

“我想跑到岛的另一边去找我的前男友，我已经等不及要告诉他‘我已经不需要你了，我不再爱你了！’”她说。

“现在让我们捋一捋这件事，”我说，“你要跑12英里到钻石岛，然后大汗淋漓、上气不接下气地对你的前男友说，你再也不在乎他了？那就是你去的目的？”

爱的对立面不是恨，是不在乎。如果客户不在乎你的推销，那么你就需要警惕了；如果他拒绝你的推销，则说明他给予了关注。

15年前，我一个最好的朋友告诉我，他不相信培训会起作用。每年我询问他业务情况，他都会说：“不怎么样。”在一个下午，我给他的团队进行了一次免费培训，之后他们的销售业绩直线上升。最终，他聘请我担任公司顾问，此后我们在一起合作过很多项目。现在，他仍然会这样给我打招呼：“你知道我从来不相信培训——不过，你可以给我的新团队做一次培训吗？”有时候，当你知道客户不需要什么时，你可以更好地向他推销他所需的东西。

4．拒绝能让你学会倾听

当我刚开始做销售时，我就下定决心要学会反驳，对客户提出的每一个拒绝进行辩解。我变成了一个角斗士，专门与客户的拒绝进行决斗。这种情况一直持续到我遇到了我的师傅，这时，我发现自己处理问题的方式是不合适的。立刻回击客户，只是说明我在努力证明客户是错的。我忽视了他们的关注点，没有展现出自己的热情。如果客户每次表达自己的想法时都遭到反击，他们自然就会关上交流的大门。

我最成功的一次销售是在马里奥特公司时，我转到了公园都市项目组，负责一个新产品。我的职责是与房地产团队打交道，他们当中的许多人对分时度假产品[①]持消极态度，因为公司以前做出的很多过度承诺无法兑现，这让很多

① 指人们在度假地购买房产时，只购买部分时段的产权，几户人家共同拥有一处房产，共同维护、分段使用的度假方式。

客户非常不满意。

“和客人们谈谈，他们不会记恨我们的，”老板对我说，“这是你必须要做的。”

我和当地最大的经纪人比尔·卡特勒交上了朋友，他邀请我参加他们每周四上午的例会，可以向240位房地产经纪人推介产品。

我永远不会忘记当时的场景。我初来乍到，而房间里坐着一帮销售高手，他们抱着胳膊，时刻准备攻击我。我走到房间的前面，让他们告诉我对于分时度假产品的所有不满之处。

史蒂夫大声喊道：“那是最糟糕的投资。”

卡罗尔附和道：“一点好处也没有。”

主持人说：“只有那些最糟糕的销售员才会去卖这种产品。”

全场大笑。

我深吸一口气，然后在黑板上写下了长长的一串反对意见，甚至还鼓动他们继续提意见。

“接着说，”我说，“让我继续往下写。”

我把他们脑子中能够想到的分时度假产品的弊端全都写了出来，我为他们打开了发泄的通道，直到他们一个字也说不出来。

我吸了一口气，然后说：“分时度假产品的各种弊病并不是秘密了。比尔·马里奥特也知道这些问题，但他还是决定做这个业务，这也是他为什么开发了一个完全不同于以往的项目——他以自己价值80亿美元的品牌作为保证。今天，我要展示给你们的是一个以前你们从未见过的产品。”

20分钟后，我已经向这些顶尖的销售员售出了8套房子，比尔·卡特勒也买了一套。

5．拒绝是交流的工具

许多客户说“不”都是这些年销售员们惯出来的毛病。换位思考一下，当你走进停车场，你会接受自己见到的第一次推销吗？你是不是曾经为了得到更好的报价而拒绝了第一次推销呢？当然，你这样做过——你的客户也这样做过。有时，客户之所以拒绝，目的是测试你给出的报价是不是最优惠的。

当你听到“不”时，你要做到面不改色心不跳。我的一位同事往往用“双重人格”来形容某些销售员。他们一听到说“不”，就会暴跳如雷；如果客户同意购买，他们就会笑脸相迎。你的客户也许是在检验是否可以从你那里得到更好的报价，或者是想看看你是否真正抓住了他们的兴趣。

6．拒绝能帮助你完成工作任务

安德烈娅·华尔兹是一个培训师、导师，曾与人合著《向着拒绝前进》。她建议销售员们适当地故意增加自己失败的次数。当销售员逃避客户的拒绝时，他们就会错失良机。她建议以“客户拒绝”而非“客户同意”作为目标。

“当你一切顺利之时，设定反向目标显得尤为关键。”她说。

假设你一周的目标是做成3单生意，在周三时你已经完成了任务。正常情况下，周四你就给自己放假，享受喜悦去了。但是如果你的目标是10次失败的交易，那么在3次成功之后，你只得到了7次客户的拒绝，所以你要再去找3次拒绝——这样，你就可能又做成一单生意。

我个人也希望给自己的销售团队设定“拒绝”的目标，通过这种方式，即使是最缺乏勇气的人也会感受到成功的喜悦。毕竟你顺利地完成了被客户拒绝20次的任务。

付诸行动

驾驭拒绝

在第九章，我会详细介绍在销售的成交阶段，你该如何应付客户给出的各种拒绝理由。在销售的任何阶段，你都可能会遇到客户说“不”

的情况。下列技巧可以帮助你灵活应对客户的拒绝。

- 寻找潜在客户阶段。公司老板不回你的电话，你的电子邮件石沉大海，那些答应给你回复的人像变戏法一样消失得无影无踪。

- 电话访谈阶段。他们双臂交叉，手表比你的讲述更有吸引力，突然，他们声称必须要参加一个很紧急的会议。

- 提出异议阶段。他们挑了你很多毛病：为什么竞争对手比你好，你的产品太贵了，你的售后服务太糟糕了……

- 最终成交阶段。你已经回答了他们关心的所有问题，看起来你的产品非常适合他们。但是，当你请求他们下订单时，他们并不会去买（或者以后也不买）。

- 在你做出回应之前一定要认真倾听。你不能产生抵触情绪。有些销售员在客户拒绝购买时，不是向客户道歉而是批评客户。我对此感到非常好笑。深呼吸，保持倾听，让客户按照自己的思路畅所欲言。现在问自己：这个客户是不是个“交易杀手”？许多拒绝是有意义的——客户需要更多的信息，因此，你要努力去回应他们的关切。

当在销售的过程中遇到客户提出异议时，我都会仔细倾听。我会认真回应他们的关切：“我绝对可以体会你的感受”或者“你提的问题很对”。我甚至会再次强调他们的异议之处，比如：“你肯定不愿意投资对你没有用的东西。听起来你已经有这方面的产品了。”然后，我会等待他的答复，当我得到答复时，我会说：“非常好，看来我们的意见是一致的。”

如果你不想向对方靠拢，那么你也不可能把对方拉拢到你这一边！现在，你就可以放心地向客户提供更好的信息，传递你的想法，甚至可以反驳他的意见了。

- 用问题回答问题。充分倾听客户的诉求，然后用问题去弄清楚他究竟为何抗拒你的产品。这是一个避免模棱两可的极其有效的方法，但是，注意不要玩过火了。下面是一个猎头使用这种方法的案例。

用户：你们为什么不能承诺，如果对你们招聘的人员不满意就退款？

猎头：你以前雇用我们招聘的人员，有过什么问题吗？

用户：是的，上个月我们从你们那里雇用了一个执行助理，但是不到两周我们发现她胜任不了工作。

猎头：你还有其他问题吗？

用户：是的，我想确认你们对员工是否进行了适当的审查。

对于客户提出的为什么做不到“不满意就退款”的问题，这位猎头没有消极逃避，而是努力找到真正的问题。当你知道客户的关注点之后，你就可以有针对性地进行解释。如果这位猎头对于客户的抱怨没有持欢迎的态度并进行澄清性的询问，他就不可能知道客户真正关心的问题是什么。

● 记住客户的拒绝往往隐藏在问题之中。

我的一位学员供职于一家飞机配件制造厂，他正在和政府部门谈一笔大买卖。客户问他：“你们做了多少次测试？”

根据所学知识，这位学员问自己：他到底想知道什么？这个问题背后究竟意味着哪些抵触或障碍？通过这种方法，他发现原来客户真正想问的是：你们的模型机是否安全？在投入市场之前，我们是否还需要进行额外的测试？

再说一遍，三思而后行！在销售行业，说“不”并不意味着拒绝，也就是说，你不能去反驳客户的异议；相反，应当去倾听和分析，并且对客户的关注点做出积极的回应（无论这种关注点是他已经表达出来的还是没有明确表达的）。

● 知道何时打消客户的抵触情绪。如果客户不假思索地提出问题，表达出自己的质疑，就说明他已经产生了抗拒心理。听起来仿佛你已经被一堆拒绝的言辞包围，但是不要放弃。为了打消客户的顾虑，你要主动出击提出问题，认真听取他的答复。

一家酒店提供大型活动和婚礼的服务，他们有一位非常有钱的客户。当客户问到“你们是否允许宠物进场”时，酒店的一位非常优秀的销售员娜塔莎向对方提出了10个问题。

她没有直接回答可以或者不可以，而是通过询问找出客户的顾虑，她问：“确保活动场所的安全是不是对你做出决定非常重要？”

客户想了一会儿说：“安全肯定重要，但也不是绝对的。”

有时，客户提出的一些质疑根本没有拒绝的意思，你只需要将破坏交易的因子从谈话中分离出来即可。

你的勇气从哪里来

在生活中，承受别人的拒绝需要勇气。但是请记住“勇气”（courage）这个词语来源于它的词根“cor”——其拉丁文的含义是“心”。当你全身心地投入你的产品、客户和自我当中时，你就可以克服内心的恐惧。

在电影《绿野仙踪》中，狮子冒着生命危险开始了一段冒险旅程，他打败了西方恶女巫，希望到达翡翠城时，伟大的奥兹可以赋予其勇气。但当帷幕落下，大家发现奥兹竟是一个什么魔法也不会的大骗子。

有很多东西都是虚幻的影像。销售员们总是希望有人能告诉他们明确的答案，但没有人会传递给你勇气。因此，你只能自己去获取——这也正是狮子在寻找魔术师奥兹的历险之中所得到的东西。

勇气并不是你想有就能有的东西，你必须努力实践才能产生勇气。因为勇气来源于实践。如果你只是等着内心的恐惧自行消散，那么勇气可不会自己跑出来。

如何才能不再害怕客户的拒绝呢？下面这些方法可以让你鼓足干劲，变得更勇敢。

1．为每次赢得掌声而努力

大多数销售员最终之所以失败，就是因为他们缺少处理客户拒绝的方法。但如果想要做到这一点，你就必须敢于面对拒绝，越多越好。其实很简单。很久以前，我的师傅让我记下自己被客户拒绝的次数，并且要明白每一次的拒绝都意味着离成功更近了一步。

“你要认真对待每一位客户，努力去做，”他告诉我，“不要想着有捷径。”

传奇演员尤尔·伯连纳在百老汇音乐剧《国王与我》中饰演暹罗蒙固国王，共演出4625次——每一次都赢得全场起立和鼓掌。

“当你是一名钢琴家时，你肯定是经过了指法练习和刻苦的训练才成功的……”伯连纳解释道，“作为一名演员，最大的困难在于必须在表演中展现出真正的自己——内在和外在自我的统一。”

曾经有人问伟大的棒球手乔·迪马吉欧，在洋基队已经在锦标赛中被淘汰的前提下，剩余的比赛对于他已经毫无意义，他为什么还要竭尽全力去比赛。

“有一位观众从我第一次参加比赛开始，就一直坚持观看我的比赛，”他回答说，“他值得我去全力比赛。”

对于每一次电话访谈，你都要向客户全力展现自己的职业形象和自信。因为每一个观众都值得你做出最好的表现。

2．眼望前方的目标

我的好朋友安娜是我认识的最伟大的运动员之一。她可以在一个下午骑山地自行车行驶垂直距离达7000多英尺，在约塞米蒂国家公园进行攀岩，然后在公园里跑步——这一切都是为了娱乐。安娜在做一个大手术6周后，就又和我一起去骑山地自行车了。但这一次，她成了那个坚持不下来的人。

这时，正如她几周之前给我的建议一样，我也给了她一些建议。我说：“要一直盯着你的目标，只要你目视前方，就不会失去平衡。没有什么事情是你做不到的，看好前方的路，去追寻自己的目标。”

为未来设定目标。如果没有达到目标或者遇到挫折，就去看一看自己当前的位置与目标的距离。每个人都知道生活不易，但他们应该不忘初心，为困难做好准备，砥砺前行。

3．不找借口

几年前，我会在自己公司员工和赠送给客户的帽子和T恤衫上印上“不找借口”的字样。如果生意失败了，就不要去斤斤计较失败的原因。电力公司可不会关心你的生意好坏，他们只会定期收取电费。

在寻找潜在客户和成交阶段，“客户说‘不’并不意味着拒绝”。你一定要有百折不挠的精神。当你听到客户说“不”的时候，为了卖出产品，你一定要去理解“不”字背后的含义，敢于面对客户的拒绝，并最终说服客户。销售员们往往会辩称：“我留了语音信息，可是客户没有回复。”“我发了电子邮件，但一直没有收到答复。”“她一定是不感兴趣。”

除了韧劲之外，做销售还需要创造性、幽默感和行动力。这些东西可以改变客户的情绪，引导他们去关注产品，并达成交易。

现在的客户都非常忙，而且信息过剩。当他们第一次说“不”时，这并不意味着他们不感兴趣，可能是你把客户当作首选，而他却并非视你为首选。很意外吧！和客户保持沟通永远是你工作的第一位，但对他们而言，你只排在他们日程表的第50位……直到有一天你真正接触并打动他们。

在寻找潜在客户时，最后一件你要做的事情就是采用相同的方式，使用相同的信息，继续与客户保持沟通。你可以综合几种不同的方式，这样效果更好。以下是一些常见方法。

● 对客户在推特、脸书或领英[①]上发布的消息做出回应，比如评论、点赞、转发，让他们知道你正在关注他们。

● 给他们发送一些你认为可能对他们有用的思想类文章。

● 如果你和同事或者竞争对手在争夺同一个客户，那么你一定要让客户收

---

① 英文名称为LinkedIn，是全球最大的职业社交网站，是一家面向商业客户的社交网络（SNS），中文名为领英。

到介绍你产品优点的新宣传册或者新闻，还有相关的证明材料。

● 和客户的助手或同事交朋友，可以通过他们来约见客户。

● 在向客户发送跟进的电子邮件时，你一定要针对他们的主要动机或购买目的来组织语言，必须言之有物。

● 发送一首诗。是的，一首诗！下面我告诉你原因。

我有一位客户非常忙，一直不回我电话，而我正是通过给他送了一份比萨和一首诗做成了一个大单。他的助理一直告诉我："他在开会。"我心里想：太奇怪了，这个可怜虫一直在开会。估计他都没有时间出门遛弯，或者外出吃午餐。我不确定他是不是吃过饭了！

"他吃午餐了吗？"我问他的助理。

"没有。"

"你们附近哪家的比萨最好吃？"我接着问。

"保琳比萨，就在这条街上。"

"很好，"我告诉她，"我现在去买一个比萨送到你们办公室。我会为每一个人买一份。噢，而且我还要传真一首诗给你。你能帮忙在给你们老板送比萨之前，把这首诗贴在比萨盒子上面吗？"她"咯咯"地笑了起来，按照我的请求做了。

诗是这样写的：

无论阳光明媚或是阴雨绵绵，
在线学习都让你信心满满。
我知道你正忙着赚钱，
可是给予我一点时间真的那么难？
我的声音将会无比嘹亮，
而你收获的田野将会遍地金黄。
所以，当你吃完最后一根烤肠，
拿起电话，让我们一起对未来畅想！

我收到他的来电了吗？你肯定猜到了答案。我们在电话里聊了90分钟，最后做成了一笔大生意。

我总是有一点“愣头青”。我认为销售员想在当今的商场立足，就需要一点这样的气质。当我的培训公司刚开张时，每天都要打10个小时的电话。我给每一个可能成为我客户的老总打电话，希望能够给他们提供免费的试讲培训课。我告诉他们：“我需要的全部东西只不过是你们在房间里待上一个小时听我的培训。如果喜欢，可以全价购买；如果不喜欢，你们什么也不会损失。”

4．为客户的拒绝而庆贺

你听说过“登月工厂”吗？它是谷歌公司的一个区域，无论工作任务成功与否，员工们在这里都会受到鼓舞、尊重，甚至获得奖金。这个创新实验室的名字来源于约翰·F.肯尼迪的登月计划。使用“登月”和“工厂”这两个词语是为了支持这一理念：梦想并非海市蜃楼，只要战略得当，实现梦想就在眼前。然而“登月工厂”成立的初衷并不仅仅是激发人的极限，而是建立一种在失败之后仍然孜孜不倦地追求梦想的企业文化。

阿斯特罗·泰勒掌管着这个工厂，他鼓励员工付出大部分时间去打破陈规和“试错”。公司将那些失败的项目视为创新的催化剂。项目以失败而告终的员工一样可以得到奖金和假期。

我认为并不是每一个公司都能够向那些项目和计划失败的员工支付奖金。这个工厂未来是否可以成就谷歌还存在很大争议，但眼前损失的是上亿美元的真金白银！

然而，“登月工厂”意在激发人的创造灵感。我们可以提醒自己，每当一种方法失败，我们就离找到成功的路径更近一步。我还发现，当我们主动承认错误甚或是缺点时，我们就会变得更加自信。改变你对待失败的态度，学会为失败而喝彩吧。当你丢掉了一笔生意或者在一个销售季度中表现糟糕时，你就知道自己错在了什么地方。试错会让你节省很多走弯路的时间和精力。

5．将失败当作游戏

我做过一个游戏，即数一数究竟有多少个客户拒绝过自己。我深知每一次拒绝意味着客户需要更多的信息，或是不同的信息，或是其他我未能提供的东西。然后，无论需要花费多长时间，我都努力寻找将“拒绝”转化为“接受”的方法。

一些客户对我说“不”长达10年之久，有的是15年。我从来不把这些当回事。如果你是一个销售员，那么客户说“不”从来不意味着拒绝。“不”并不意味着交易的终结，对聪明人而言，这只是标志着一堂课的结束。

千方百计寻找办法，今天没有做成生意，一定要坚信终有一天自己会成功。在下一章，我会告诉大家与客户建立信任关系的基本要素。这些要素有用吗？相信我，每一次都会奏效。

第五章

信任方程式：销售从引发共鸣感开始

真理之五：信任诞生于共鸣、诚实、可靠以及能力。你应该具备这四项品质，但如果无法与客户在交往的过程中产生共鸣，你就没有机会展示另外三项品质。共鸣是建立信任的首要条件。共鸣感无法伪装，不是让你在谈话时想怎么说就怎么说，也不是一味地迎合客户，而是让对方全身心地享受交流，尽情地表达自己的感想。

共鸣是信任的第一基石

我们在前面探讨过，人们所有的决定都带有情感因素。在本章，我们接着讨论如何让客户相信你，以至于主动说出他们的情感动机。这种信任需要你具有同理心，能够和客户实现情感上的共鸣。我把这种技能称为“全心倾听”。当你真正去倾听、理解和关心对方时，客户才能对你敞开心扉。他们会向你展示如何才能说服他们购买你的产品，你要学会通过倾听来领悟客户给出的暗示。

首先，让我们弄清楚共鸣是什么。共鸣不是向对方道歉，它真正的含义是“感同身受”，也就是“换位思考”。这意味着当你与他人交流时，你必须舍弃自己的欲望、恐惧，甚至偏见。

当医生用听诊器听你心跳的时候，你是否认为她在想着她自己的事情。如果不是这样，就说明她是一个真正的医生。她想去了解你的内心世界，所以她会全身心地关注于自己的工作。我们销售员没有听诊器，但也可以做到倾听客户的心声。当我们把注意力从想要在这笔交易中得到什么（胜利、佣金、去牙买加度假……）转移到客户想得到什么上的时候，奇迹就会发生。

“肯定会生气的人”

那是很久以前的事了。在我职场生涯的早期，我曾经计划把一套三居别墅卖给一个中产家庭的男主人乔治·米尔斯。乔治和家人从科罗拉多来到别墅——提醒你一下，路途花了他们4个半小时。但当他们到达后，乔治冲着我大喊大叫。房间比较脏，他不停地大声抱怨。

我承认当时我根本没把乔治的话装进耳朵，而是急匆匆地下楼，自己也开始发起了牢骚。

我想说服经理格雷格打发走这个正在发怒的“讨厌鬼”，但是他没有。相反，格雷格问了我几个问题。

“这个‘愤怒男’是做什么营生的？”

“他是一个学校校长。”

“你觉得他是不是工作中出了什么问题？”

“他看起来非常沮丧。”

但这与我又有什么关系呢？我心里想。

突然，我茅塞顿开——他也许是工作压力太大了。我的姑妈琼也在学校工作过，多年勤勤恳恳工作，但最终被一个年龄比她小一半的年轻女士取而代之。

“也有可能是他的个人生活出了问题。”格雷格说。

“他那个年龄较大的女儿看起来是个不好管教的人。”

小孩——简直是噩梦！我临时照看过我的侄女，我知道那是多么糟糕。而乔治有三个孩子，而且要同时照顾他们！

“有时，客户只是生气而已，”格雷格说，“他们就是我常说的‘肯定会生气的人’，他们生气和你没有关系，只不过是你恰巧在场罢了。”

我开始不去想自己是否会丢掉这单生意，而是去思考乔治的感受。这时，我感到很惭愧。

我立刻返回房间找到米尔斯先生的家人，代表公司为我糟糕的服务向他们道歉。我给他们端来冷饮，然后建议乔治给我们公司的老总写信反映房间的脏乱差，同时我开始自己打扫房间，因为保洁员傍晚时已经走了。

（其实，房间的卫生也没有那么糟糕，保洁员错把垃圾袋放在了房间的入口处。）

当我去给他找信纸时，米尔斯先生放下手中的烟斗，抬头看着我说："你是一个销售员，不是一个管家！"

"没关系。"我说。

"好吧，其实房子也没有那么糟糕。"他承认。

我按照所学的销售知识，一步一步地向前推进销售。大部分时候，我都在倾听，慢慢地我开始喜欢和尊重他了。

一个小时之后，米尔斯先生购买了我们销售的面积最大的一套房子。

后面的故事：在随后的5年，他把这个故事告诉了他所有的朋友。朋友们都说："米尔斯这家伙脾气真是太臭了，要是当时没买到房，估计后悔死了。"随后，我卖出了好几套房子给他的朋友。

那一天的经历给我上了一堂生动的教育课，让我对于如何与客户建立共鸣有了更深刻的理解：

用心倾听可以让销售变得更加容易，我可以与乔治·米尔斯较真、争辩，毕竟房子没有他说的那么"脏乱差"。但是，共鸣并非产生于事实或者数字，与是非对错也没有关系。

政治评论员莎莉·康恩在她广为人知的TED演讲中号召人们少去关注政治正确与否，多关心一下情绪正确与否。换言之，就是情绪的表达要与你所处的场合相匹配。在生活中，人们不愿意去养孩子、买东西，这些与政治无关。重要的是你要去理解对方在想什么而不是在说什么。

从“用力销售”到“用心销售”

让我们开诚布公地说话。想与粗鲁的配偶或者把你扫地出门的老板们之间产生共鸣，的确是一件棘手的事情。有时候，不想把客户与金钱挂钩是很难做到的，尤其是在你缺钱花的时候。不过，如果你能够做到真正关心客户的需求，“用心销售”而不是“用力销售”，那么一切都会有所改变。

也许有人告诉过你，要想和客户搞好关系，就必须让他喜欢你。这个理念恰恰是本末倒置的。赢得别人的信任并不是从让别人喜欢你开始的——而是始于共鸣，始于你真正去关心对方。信任是共鸣自然演化的结果。否则，我们只不过是那种“把手伸进客户口袋的销售员”而已。

那么，我们怎样才能与客户建立共鸣，设身处地地为客户考虑呢？

首先，我们必须建立融洽的人际关系，融洽是共鸣的前提条件。你肯定在销售培训课上听过如何与客户保持融洽的关系。根据我的经验，大多数销售员都把融洽简单地理解为紧跟客户的节奏，满足客户的需求。但是，人性中有哪些品质可以让你和客户长久地保持这种新型关系呢？

就融洽本身而言，它还不足以建立稳固的信任。我不会因为喜欢你就把孩子留给你照看。对于你交往的客户，你需要关注他的真实面目，而不是自己臆想出来的虚假影像。你要用耳朵、眼睛和心灵去认识对方，与对方的观点形成共鸣是建立信任的基石。

提高建立融洽人际关系的技能

并不是每一位销售员都懂得应该如何与客户建立融洽的人际关系。在很多时候，我发现他们想朝这方面努力，却不知道该如何是好。他们不明白怎样去自然地交谈，不知道如何理解（或者关注）对方的观点，也不知道如何挖掘客户语言背后隐藏的情绪和抵触心理。他们无法理解人与人之间共有的深层次的秘密，无法想象自己还能与客户保持一种彼此信任的关系。能力的缺乏并不是主要的问题，最根本的症结在于懒于学习和实践。

下面是你须牢记的建立融洽关系的8个要点。你在热身问候阶段就可以开始融入这些技巧：如果在电话访谈的第一刻与客户建立良好的关系，你就可以将客户的质疑和担忧转换为信任和购买的欲望。

1．把你的信用卡交给他们

在我做第一份真正的销售工作时，销售当天购买产品的客户可以得到额外的奖励。我们提供最好的产品，希望客户能够现场购买。

我们很快就发现许多人希望在午餐时再认真考虑一下我们的产品。我的一位同事坚持让客户们把自己的信用卡留给他，并且盼着他们返回来购买产品。不幸的是，这种不信任导致销售员最害怕的事情发生了，那就是没有人来买你的东西。

我采取了截然相反的方法。当客户说希望在午餐时讨论一下产品时，我说："当然可以了，我请客。穿过这条街有一个叫甜蜜洋葱的咖啡馆非常不错，带上我的信用卡去喝杯咖啡吧，我等着你回来。"

现在，你也许在想："喔，这会让我花上一笔钱，万一生意没做成怎么办？"事实上，几乎所有的客户都回来并且购买了我的产品。

好好想一下，当我对你真诚友善的时候，你内心肯定想再回来回报我的善意。这次我请吃饭，下次你就会抢着埋单。这就是信任感在发挥作用。

在这方面做得最好的一个例子是收音机迷乐队，2007年的时候，乐队成员们几乎要疯了，因为年轻人们都在绕过唱片公司和他们非法下载他们的歌曲。但乐队没有把自己当成受害者或者憎恨歌迷，而是采取了完全不同的方法。他们把自己的唱片《在彩虹里》放在网络上，并且说明了下载的方法。客户们没有看到价格，而是一个问号和一句促销语："把这首歌献给你们。"

这种策略产生了巨大的市场反响，乐队在《在彩虹里》的实体唱片发布之前的收入，比唱片《向小偷致敬》（名称真有讽刺意味）这个之前发布的专辑挣到的所有钱都多。

我并非要你把自己所有的产品都实行免费，或者在那些无法成为客户的人身上花费时间（或者为他们购买午餐）。我要说的是你自己才是信任的起点。我们无法保证每一个客户都信任我们，但我们可以首先做到去信任他们，把自己逐步变成值得他们信任的人。

2．关心别人的痛苦

每次你见到客户，都要在他们身上找出至少一种优点。不要吝啬你的赞美之词，不要只是简单地说"嗨，你的外套太酷了"，或者"喔，你的手镯真漂亮"。这些都是外在的东西，无法反映出客户的本质。他是一个对孩子有耐心的人吗？他幽默吗？他的工作干得很出色吗？如果你能赞美客户自己感到最珍贵的东西，你就离成功不远了。

就实而论，找到一些自己感兴趣的东西并不是一件容易的事。我们的惯性是做价值判断。你要超越这种原始的冲动，找到一些自己真正喜欢的东西。这不但可以增加你的生活乐趣，还可以帮助你更好地与客户打交道。

举一个例子。32岁时，我孤身一人第一次来到了一个水疗度假村。宴会厅里坐满了成双成对的人，船长的桌子旁边更是挤满了人。我跟船长和他的水手们没有交集，我们年龄相差太大，他们看起来并不喜欢我，我也从来不戴水手帽！或许我就该一个人坐着？

但是，我每天晚上都强迫自己坐在船长桌子旁，夜色在不知不觉中流逝。我听同桌的人讲他们的故事，我一直在寻找一些东西让自己变得崇拜或者尊重他们。每个人都有自己的故事，我们被告知："对每一个你遇到的人都保持善意，因为他们正在承受磨难。"或如励志大师金克拉所言："如果你假设每个人都在受苦受难，你就会体恤他们的痛苦。"

虽然我们每个人的故事各不相同，但是当我们花时间去观察时，我们往往会发现我们同样在努力拼搏。

3. 爱上你不喜欢的人

有些人很难让自己喜欢上别人。如果你看过电影《怪物史莱克》，你就会记得这个镜头：虽然史莱克是一个大怪物，但是当贫嘴驴想和他拉关系时，史莱克对贫嘴驴一点也不感兴趣。然而贫嘴驴并不放弃。他告诉史莱克："你知道我喜欢你什么吗，史莱克？你是那种不在乎别人怎么说你的人，我就喜欢你这个样子。"

我的师傅曾经告诉我："爱你喜欢的类型的人（有钱的、长得漂亮的、看着顺眼的）很容易。"但是让人喜欢上一个怪物很难。不过要记住：一个人如何做和他会变成什么样子是两件完全不同的事，即使怪物们也有银行账号和信用卡。

但我们给别人贴上标签、进行分类的时候，等于是剥夺了他们和我们自己成长的机会。如果我简单地给乔治·米尔斯贴上"笨蛋"的标签，那么肯定做不成生意。相信他人的潜力是一种积极的工作心态。如果你不只是看别人眼前的表现，而是关注他的潜力，你就可以在各种场合和他建立良好的关系。无论在销售现场、会议室还是在你家客厅，你都能与客户融洽相处。

记住：标签是贴给衣服的，不是贴给人的。

4．关注戴紫色帽子的人

对于那些看着令人敬而远之的人，比如戴着羽毛装饰的紫色帽子的老师，穿金戴银手拿古驰①的公司高级副总裁，穿着背心裸露肌肉的举重运动员……你该如何接近他们呢？

你肯定听过这样的话："我有必要和房间里的大象聊天吗？"设想一下：当我邀请你来到我位于犹他州公园都市的家中一起吃晚餐，你进门时发现钢琴旁边蹲着一头马戏团的大象，你会如何问候？如果你什么都不说，我们两个人都会感到很尴尬。显然，这头大象是个不速之客。

大象的存在会造成紧张的气氛，影响我们之间建立开放、信任的关系。但是，我们只要承认大象存在的事实，就可以减少这种紧张情绪。那种在宴会上穿着户外装备的人，或者在一个渔村却穿着考究的人，都希望引起别人的注意和羡慕。

当你遇到某些装扮与众不同的人时，你有一个选择——看着他。你只能这样做，然后说："帽子不错，你在哪儿买到的这些羽毛？"或者"46个文身花了你多长时间？"对于他们的奇装异服，你不要表现出自己的不悦。既然他们选择这样的装扮，就不会在乎别人的目光。所以，我们又何必招惹他们呢？

---

① 英文名称为Gucci，意大利最大的时装集团，除时装外，也经营皮包、皮鞋、手表、家饰品、宠物用品、丝巾、领带、皮带、香水等。

把产品卖给与我们有相同装扮、背景和品位的人会很容易，但游戏不是这么玩的。

5. 不要显得高人一等

我父母有一个老熟人，我和弟弟把他叫作“高人一等的赫伯”，因为他有一个让人非常讨厌的坏毛病。比如，在我母亲生日时，父亲为了给她一个惊喜，便带她去夏威夷的大岛旅行。当父亲和赫伯分享这个故事时，赫伯插话说：“夏威夷很漂亮，真是一个不错的选择。我在那买了一套房子，顺便告诉你，下周三我不会去会议室开会——我会带着夫人去马尔代夫潜水。劳埃德，你介意多记些好的笔记吗？”

赫伯有一个令人惊奇的诀窍，他可以随时将别人的话题——无论什么话题——都转移到炫耀自己上。比如：他在纽约的顶层豪华公寓，他高超的谈判技巧，他收藏的酒，等等。

我见到这样一个场景：客户正在自豪地分享他儿子收到了波士顿大学的录取通知书，销售员却在不无得意地说自己的女儿收到了哈佛的全额奖学金。销售员成了在场众人关注的焦点，而这位客户的儿子所取得的成绩在销售员的女儿面前顿时相形见绌。

不要和你的客户一较高下，如果你逞一时之快，生意就泡汤了。

6. 珍惜客户的时间，分享客户的价值

几个月前，我和丈夫决定买一辆新皮卡，取代他戏称为“超市购物车”的旧车。他预约了一个叫查克的销售员，在去经销店的路上向我保证在购买之前会砍价的。

然而查克显然做足了功课。当他问候我们时，口中蹦出来的第一个词是“恭喜”。他称赞在慈善组织工作的丈夫帮助那些精神或身体有残疾的人。查克告诉我们他的孩子患上了自闭症，于是，我丈夫告知了慈善组织工作人员的

联系方式。

查克不但做了功课，而且与我丈夫最有价值的工作产生了交集。通过讨论他们共同感兴趣的内容，他们加深了彼此的联系——这促使我丈夫从一个消极被动的客户变成了一个积极主动的客户。

如果你正在挖掘潜在的客户，或者提前知道一些客户信息，就必须去认真研究。你对他们的信息了解得越充分，就越能向对方提供更多他们所重视的东西。

我丈夫和查克聊了5分钟之后感叹道："他们这儿的车可真多啊。"最终，我们选了一辆全新的雪佛兰索罗德。对于这个结果，我想你不会感到惊奇。

7．深化感情

以下是一天中一个销售员对3个客户的问候。

- "你是从纽约来的吗？纽约不错吧？我也是从纽约来的！大都会真是太棒了！"
- "你是从旧金山来的吧？太巧了，我也是，我太爱那里了。"
- "亚特兰大？喔，我们是邻居！"

尽管这些问候可以拉近你和客户之间的距离，但无法建立一种稳固的感情联系。只有彼此之间去分享共同的价值观才能形成融洽的关系，仅仅聊聊共同的爱好或者家乡，不会有这个效果。

我在培训课上听到了关于杰克的故事。他是一位区域经理，在过去两年一直努力想跟一位大客户续签合同。他先后派出了7位销售代表去见客户的负责人菲尔，但没有一个人可以搞定。

最后，杰克亲自出马担任销售代表，终于成功了。杰克是从越战中归来的一名老兵。刚见到菲尔时，两个人还是像往常一样聊了几句天，但是25分钟之后，杰克用真诚的眼神看着菲尔，拍着他的肩膀，充满深情地说："欢迎回家，小伙子。"两名老兵相拥而泣，生意自然就做成了。

在与客户接触的过程中，你要努力去聊一些可以触及人心灵的大众话题，比如孩子、教育、健康、动物、兵役、自然，等等。当然，在谈论宗教和政治时，你一定要小心翼翼。你可以围绕一些超越工作范畴的东西，去分享照片、故事和想法，不要泛泛地谈论新手机或者当地的运动队等话题。当我们去分享相似的价值和理念时，我们才能深化彼此之间的感情。

8．让客户多说说自己的故事

在我单身的时候，朋友给我推荐了一个对象，让我去相亲。她把这位名叫查兹的男士形容为光彩照人。查兹开着一辆蓝色敞篷车，请我在一家意大利餐厅吃饭。他告诉我他出版了5本书，还有他的房产。最后，他开始聊他那些名流朋友。

我认真听着，趁他喘息和挪动身体的间隙提出了几个问题。我是一个非常完美的听众，但不幸的是他的话太多了。一个小时过去了，我连插嘴的机会都没有。我已经尽力了。查兹开车送我回家，把我送到了前门，但我确信我对他没有感觉。然后，他深情地看着我的眼睛，停顿了一下，对我说："我只想告诉你，你是我见过的最迷人的女士！"

我没有请他进屋。我也没有再次约他。

我们都会去相信那些花费时间了解我们的人，但是给予别人发言的机会是很难做到的。《哈佛商业评论》的研究表明，一个人平均要花费全部时间的60%去和别人聊天，在社交媒体上，这一数字上升到80%。

希腊哲学家爱比克泰德说过："我们有两个耳朵一张嘴，所以我们倾听的数量应该是讲话的两倍。"显然，爱比克泰德没有玩过Instagram（照片墙）。真相更加复杂，但有一点是千真万确的：当我们谈论自己的时候，大脑中的活动在增多，我们会感到动力十足，认为这是在犒劳自己。这与我们吃到美食、品尝咖啡以及发生性关系时的快感来源是一样的。其实很简单，我们都自我感觉良好。

对销售员而言，最困难的事情之一就是做到多听少说。但倾听是建立共鸣、深化感情并最终做成生意的关键所在。

如果找不到共同点怎么办

当无法找到自己与客户的共同点时，销售员会非常沮丧。他们不停地提问，从一个话题换到另一个话题，在绝望中寻找和客户相同的爱好。“你喜欢露营吗？”“你老家是哪里的？”“你做这项业务多长时间了？”当你这样做时，客户会有一种被忽视的感觉，因为你好像在说：“我不关心你的答案是什么，所以我不在乎你这个人。”

斯坦福大学的演说家和演讲学导师李·艾斯勒发明了一种增进感情和寻找共同点的方法。这种方法非常奏效，有时简直让人不敢相信。假设你遇到了一个和你兴趣相去甚远的客户，你仍然可以通过提问来创造出一些共同点。

销售员：你平常喜欢通过做什么来放松自己？

客户：打猎。

销售员：（噢，上帝，我是一个素食主义者）很不错！你觉得打猎哪些地方让你感到放松？

客户：远离一切烦恼，完全在户外进行。

销售员：哇，我也是。每年夏天我都要露营几次。你为什么喜欢户外活动呢？

客户：让我感觉到自己是个大活人，同时还有一种平和的感觉。

销售员（思考片刻）：确实，我也有这种感觉……尤其是当我徒步旅行时，更是如此。

这位机智的销售员没有局限于客户喜欢的运动本身，就兴趣谈兴趣，而是从打猎的内涵和感受出发，找到了与客户的共同点。在上面的案例中，不要告诉对方你是善待动物组织（PETA）的终身会员，或许他不会谈到美国步枪协会（NRA）。你不是伪善，你只是在做出正确的评判。

你可以试试这种方法。当下次你遇到其他人，客户或者一个刚认识的人时，你可以判断出你们之间的共同点——常见的包括家庭、旅行、宠物、彼此认识的熟人、某些活动等，并以此为出发点开始谈话。

如果你们之间没有共同兴趣，怎么才能加深彼此的交流呢？所以销售员要充满好奇心，问问他们的喜好。更重要的是，你要弄清楚他们为什么喜欢这样，尽量找出这些兴趣背后的情感因素。

学会全身心地倾听

缅因大学的传播学教授肯·彼得赖什说过："从心理学角度讲，'倾听'是一种积极的认知过程，'听'只是一种消极的活动。"

简单说，真正的共鸣就是你去倾听和感受客户的内心、精神、灵魂和感情。你不要去做价值判断，只是感受他们的希望、恐惧、信仰和需求就可以了。你要去感受是什么让他们觉得生活充满了意义。

你认为该如何去倾听？作家保罗·多诺休和玛丽·西格尔在他们的著作《你真的会倾听吗》中写道："每一个人都希望被人理解，但很少有人觉得真正有人能了解他们。有趣的是，大部分人都认为他们是一个优秀的听众。"

我经常被邀请去一个单位评估他们的销售员。我能够迅速对一个销售员的表现做出判断，并且在他向我展示自己之前，我就可以告诉对方，他的销售业绩是增长还是下滑——我只是观察谁是那个话最多的人。

许多人认为听和说是同时进行的，事实上，两者大多数时候都不同步。听觉是被动的，不会改变我们，不会搅动我们内心深处的感情或者让我顿悟。而另外一方面，真正的倾听要求我们摈弃滤镜和偏见，进行自我约束，我将其称为"全心倾听"。

销售员很少能够做到全心全意地去倾听客户的话。我们总是想着接下来要说什么，打断别人说话是因为我们急于表达自己的观点。进一步说，就是我们不能忽视客户要说的话，不能仅是听听而已。全心倾听则是完全不同的，它需要按照人们希望自己被理解的方式去了解对方。为了建立共鸣并赢得业务，这是每一个销售员都应当做到的。说起来容易，做起来难。

倾听的三个维度

人们嘴上说的东西和心里想的东西是相互交织在一起的。所以，你该如何做出回应呢？你可以观察他们的身体语言，听他们说话的语气。我听过一个谚语：“如果他们三个意见不一致，他们肯定是在撒谎。”——这里的“他们三个”是指说的话、身体语言和音调。

我的一个艺术家朋友向一个画廊的老板展示自己最新的油画作品，这位老板向她保证自己很感兴趣，但是他靠着椅背，交叉双臂，不停地看着艺术家的头顶。很显然，他不会再给我朋友回电话了。幸运的是，我的朋友看到了这一点，然后带着作品去了其他画廊。

顶尖的销售员很清楚客户们是不是在讲真话。

已说、未说和不可说

受人爱戴的“编剧教父”罗伯特·麦基将语言区分为两种。我觉得这个观点非常有用，而且可以适用于倾听的技巧。他的《对话：书页、舞台和银幕上语言交流的艺术》一书，体现了我们交流是一个非常复杂的过程，语言只是表面的东西。他认为，在一部影视作品中，好的对话包含3种：

- 已说：人选择说的话。
- 未说：人的感受，但没有用语言告诉你。
- 不可说：在潜意识的支配下，人无法表达的内容，因为他甚至没有意识到这些内容。

当你在倾听客户说话时，你要对照这三个方面，尽力去关注客户表达的内容，表现自己的关切。你要问自己：她还有哪些感受没有告诉我？他自己都没有察觉到的潜意识是什么？

需要注意的是，无论是你还是客户，在每一次沟通交流中都会存在上述3种语言方式中的一种或几种。就像看电影的观众或者阅读书籍的读者，你要把自己视为观众，把客户视为演员，重构你们之间的对话。你在客户的叙述中投入的精力越多，你就越能感受他的情感。你不仅要认真听他说了什么，还要注意他没说什么。

1．倾听的第一个维度：已说的话

这个层次的倾听只要求你去听对方说出的话语。你不会去注意对方的身体语言，因为你正忙着琢磨对方接下来会说什么。同理，你的客户没有“知己”的感觉，故而急于结束你们之间的对话。

下面是一些明显的特征，说明你或者客户还处在第一维度的倾听：

- 三心二意，总是去看周边发生的其他事情。
- 不停地看表或者手机。
- 打断你的话。
- 坐立不安，心神不定，或者其他类似表现。
- 在对方想进一步深入话题时，一句话也不说。

2．倾听的第二个维度：未说的话

这个层次的倾听，你开始揭秘对方没用语言表达出来的内容。你不仅要听对方说什么，而且要观察他们的身体语言以及其中反映出来的情绪变化。既用耳朵倾听，又用眼睛“倾听”。你鼓励客户提供更多的信息，说出他们的想法和顾虑。客户感受到了你在“倾听”，开始与你分享更多的内容，包括自己内心的恐惧、期望，甚至信仰。

下面是一些明显的特征，说明你或者客户处在第二维度的倾听：

- 积极参与到对话之中，即恰当地回应你的话。

- 提出问题，寻求更多的信息，比如“再说一些”。
- 身体前倾，保持倾听。
- 眼神交流。
- 允许停顿，甚至暂时的沉默。

3. 倾听的第三个维度：不可说的话

这个层次的倾听，你全身心地投入与对方的谈话之中，你的注意力高度集中，既掌握谈话的内容，又挖掘谈话的意图。你不会让偏见和拒绝遮蔽你的耳朵。你感觉“身在庐山之中”或者两人“共频共振”。你是如此的投入，当对方与你分享信息、观点和信仰时，你能够与他同喜同悲。这就是我所说的“全心倾听”。

以下是一些明显的特征，说明你或者客户处在第三维度的倾听：

- 随着思想的跳跃，允许长时间的停顿。
- 点头表示同意。
- 允许对方变化思维的节奏。
- 感觉到自我情绪的变化。
- 让自己去感受对方的痛与乐，悲与喜。

下面的表格可以帮助你评估自己和客户倾听的层次。

倾听技巧清单

倾听技巧	大部分时候	经常	偶尔	几乎从来不
1.当有人不同意你的意见或者说了你不爱听的话时，你是否会置之不理？				
2.即便你不感兴趣，你也会关注对方说的话吗？				
3.对于与你语言风格不同的人，比如语速快、说话慢或者满腹牢骚，你是否有耐心？				

（续表）

倾听技巧	大部分时候	经常	偶尔	几乎从来不
4.你是否觉得自己知道对方接下来要说什么，所以就不再去听了？				
5.你是否想过如何反驳客户的异议，不能让他们沾沾自喜？				
6.当你听到客户表明自己主导购买动机之后，是不是就放弃提问，不再让客户继续表达自己的想法了？				
7.对于客户刚说过的话，你是否会用自己的话复述一遍？				
8.当对方说话的时候，你是否在看着他的眼睛？				
9.你是否知道客户是话里有话，而非只关注他说的字面意思？				
10.你是否知道客户的哪些话会激起你的兴趣？				
11.你是否知道自己的哪些话会激起客户的兴趣？				
12.你是否会选择最佳的时间来表达自己的观点？				
13.当对方发言的时候，你是不是在做着白日梦？				
14.你是否允许团队里的其他成员表达自己的看法和感受？				
15.如果有人提出来一个你不熟悉的词语或概念，你是否会去询问它们的含义？				
16.当你不愿意继续听对方讲话时，你是不是还会装作认真在听？				
17.你是否带着批判或判断的态度在听对方说话？				
18.你是否愿意敞开心扉去接受客户谈谈他对你产品不满意的地方或者个人经历？				
19.你是否会复述你听到的内容？				
20.你是否想过怎样才能达到交流的目的？				

为了能够与我们的潜在客户、现有客户、老板、邻居或者爱人有效地进行沟通，我们必须学会全心倾听。这需要自律和练习，情商方面的技巧包括耐心与好奇心。这要求你去了解对方是一个什么样的人以及什么东西能让他的生活更有意义。但有时，人们更容易陷入“就事论事”，而没有汇聚力量走进对方

的心灵。

我们每一个人都有一颗柔弱的心，所以，我们会戴上面具，隐藏真实的自己。要了解对方是一个什么样的人，不能自以为是或者被对方的外表所蒙蔽，这是建立信任的第一步。但正如我在下一章探讨的，销售员只有向客户展现你的诚实、可信赖以及能力，才能把握住改变人际关系、赢得客户信任的关键。

融洽的关系和产生共鸣只是为你打开了销售之门，可信赖、能力以及诚实的品格才能让你在销售中如鱼得水。这些主题是我们下一章要讨论的话题。

第六章

品德方程式：客户最喜欢诚实可靠的你

真理之六：我们一旦和客户之间有了真真切切的共鸣感，就会发现自己无法再说谎或者欺骗客户了，对其他任何人以及我们自己也都一样。“销售”这个词语起源于一个古老的英文单词“给予”。当我们销售产品时，我们必须把某样东西给予对方。当我们拥有诸如可靠、能干、诚实之类的优秀品质后，我们就可以维持与客户之间的信任关系，享受长久的成就感。最终，这些好品质都会成为我们性格的一部分。

为什么客户不买你的产品

你知道客户为什么不从你这里购买产品吗？一手情报公司的CEO肯·阿尔里德知道答案。他的公司专门从事所谓的“盈亏分析”，即分析销售成功或失败的原因。这家公司每年都会走访数以千计的客户，了解他们做出购买决定的原因——这些客户的消费金额总和超过了20亿美元。公司首先询问销售员自己认为的客户没有购买产品的原因，然后再向客户提出相同的问题。

猜猜结果如何。两种答案截然相反。卖东西的一方说产品滞销是因为客户负担不起价格；而买东西的一方说没买是因为改变现状需要付出太多的成本。

客户没有从你那里购买产品的首要原因与你的竞争对手无关，也与这是否是大品牌的商品关系不大。他们之所以没买，是因为他们对现状很满意。

客户行为的变化是一个新的影响因素。为什么这么说呢？随着社会节奏的加快，我们接收到的信息量越来越大。我们忙碌不已、疲惫不堪。时间是新的货币——而我们所有人都破产了。不得不承认，我自己就有1246封没有阅读的电子邮件（也包括你的——我承诺会尽快回复你的那封）、尚未认领的保险收据、尚未支付的交通罚单、遗落的生活碎片和迷失的人生片段。

筋疲力尽的客户们只是无法完全了解你那新颖而复杂的产品。他们会喜欢你的产品，甚至会去观察这个产品的内在价值，但他们没有足够的“带宽”去接受更多信息，去了解你出售的究竟是什么样的商品或者他们是否需要这个商品，所以他们不愿意改变现有的生活状态。

树立乐于助人的形象

在上一章，我们探讨了如何通过建立融洽的关系和全心地倾听去构建客户信任的基础。如果你希望干出一番事业，而不仅仅停留在胜任工作的层面，你就需要维护和增进这种信任关系。

你的客户们不堪重负，所以要帮助他们简化生活。销售员不能用无聊的玩笑和空洞的承诺来应付他们。你要展示自己的能力，用真诚去感化客户，让对方知道你是一个值得信赖的人。

不要因为自己是为一个声誉良好的公司工作，或者自己代理的是一个广受欢迎的产品，就认为客户会轻易信任你。你要向客户充分展示你的产品或服务以及你销售的全部过程。这种开放的姿态不仅有助于你培育良好的人际关系，而且能让客户觉得放松自在。努力去树立一个可以帮助别人的形象——你的信息和见解可以帮助别人，而不要像有些销售员那样急功近利，只想着做一锤子买卖。

你是否记得电影《查理和巧克力工厂》里的镜头？被宠坏的小女孩薇露卡·索尔特对他的爸爸说："现在，我要一个小矮人！"

我们每个人都希望自己的问题能够立刻得到解决，破裂的关系能够得到修复，失败的创伤能够得到弥补；但是建立信任关系就不是一个可以快速解决的问题。

空洞的诺言和驾驭别人的技巧越多，销售员与客户的关系就会越疏远。

信任始于共鸣——但要维持信任，你必须展现自己的能力、诚实和可信赖的一面。这只有通过艰苦的工作和持续的自律才能实现。

因此，在本章，我们会讨论如何让客户每时每刻都信任你。

可靠性：小事件等于大后果

直到今天，母亲仍然是我最好的朋友。我至今仍然清楚地记得，无论是接我放学还是送我们去商场，她的格言都是“提前5分钟到达”。无论是过去还是现在，母亲都是值得信赖的人。通过这个例子，我将可信赖定义为：可以持之以恒地遵守承诺的能力。一次次地被人信赖，不仅可以巩固别人对你的信任，而且可以完善你的人生观。当你学会恪守承诺时，无论你在那一刻有什么样的感觉，你都会看到自己观念上的巨大转变。

什么样的人才是值得信赖的可靠之人呢？他们往往具备以下特征。

- 凡事提前准备，遵守约定时间。
- 遵守诺言。
- 热情贯穿于销售始终。
- 做好售后服务。
- 主动去做，不会等着别人来催。
- 勇于承担责任。
- 用一贯的优秀表现来征服别人。

我们使用“信赖”这个词语来描述那些值得依靠的人或事。如果我们认为一名运动员值得信赖，那么肯定是因为他每一场的比赛都表现出色。可靠性让客户感到你会遵守承诺和时限，会对销售出去的商品负责，他们不必为更换购买其他产品或者更换供应商而忧心忡忡。

1965年，耶鲁大学的毕业生弗雷德里克·史密斯在他的学期论文中谈到IT行业的公司面临物流方面的挑战。他认为产品的传递速度太慢了，建议建立一套快递系统来满足对时间要求非常严格的产品（比如机器、电脑配件等）的配送要求。

史密斯的导师可没有这样的远见卓识，只是在他的论文上打了一个“C”。尽管一位耶鲁商学院的教授告诉他那不是个好主意，但史密斯并没有气馁，他创建了自己的公司。1973年4月份，联邦快递公司诞生了。联邦快递依靠两件法宝在全球快递市场掀起了一场革命：一是速度，二是可靠。

如果联邦快递或者达美乐比萨不能保证按时送达，那么他们能在市场上立足吗？如果拿铁咖啡每次的口味都不相同，你还会去星巴克吗？如果厨师在你每次吃早餐时都尝试一个新菜谱或者从他的香料盒中加入一些桂皮，你还会去吗？

今天那些最成功的公司之所以能够扬名天下，并不是因为承诺了那些根本实现不了的东西，反而是因为给出了一些能始终贯彻如一的简单承诺。通过下面的练习，你也可以赢得他人对你的信赖，树立良好的口碑。

1. 说出去的话一定要做到

- 如果答应客户提供宣传手册，就一定要送到他们手中。
- 如果答应给他人买点心，就一定要买。
- 当你遇到某个人，答应随后联系他，第二天，你就一定要联系。
- 如果你答应帮客户解决问题，就要像王牌接线员拉里说的那样，“务必做到”。

2. 事事有回应

经过3个月的商量，我和丈夫终于选择了一家园林公司给我们的院子做绿化。这家公司在Yelp（美国最大的点评网站）上好评如潮，很多人为他们高质量的工作点赞。我们非常欣赏这家公司的老板，他也听取了我们的需求，而且我们的生活理念完全一致。他的孩子也在上高中，知道男孩子需要在户外活动。他看起来深知大家必须在工作、家庭和社区生活之间维持平衡，这也是我和丈夫每天努力的方向。总之，他“抓住了”我们的心理。

现在，我对园林绿化方面的技术几乎一窍不通，所有讨论的内容，比如镀锌管、砾石坑等，我都不知所云。但我也不需要对此了如指掌，因为我知道这位老板会搞定一切。

我们对设计图达成了一致，很高兴可以开始施工了。但是他食言了，没有回我的电话，给他打电话也打不通，直到3周后才联系上他。我们曾经相处融洽，也一度有过共鸣，但他不是一个值得信赖的人，他失去了我们的信任。我们另找了一个公司施工。

在现代社会，回应是一种无须多言的期待。

- 24小时内回复电子邮件、电话和短信。
- 如果做不到，那么一定要让客户知道你一直在努力争取做到。
- 以客户最喜欢的沟通方式进行反馈，有些人喜欢短信，有些人喜欢电子邮件，还有些人喜欢喝着咖啡吃着甜点当面聊。

3. 做出恰当的承诺

一定要注意，承诺是你做出的。这对于我而言始终是一个问题，因为我发现自己承诺的任务太多，超出了自己的能力。有时直到完成任务后，我才知道自己花费了多长时间。这给我增加了许多不必要的压力和烦恼——更别提交通罚单和乱七八糟的厨房了。

- 一定要信守诺言，但同样重要的是，不要做出过多的承诺。
- 如果发现自己无法履行承诺，一定要和对方重新协商。此时，你一定要积极主动一点，完成承诺才是关键。

我并不是说要少向别人承诺，而是应该做出恰当的承诺。对客户做出承诺看起来很难实现，但我敢保证，如果不做承诺，则你一个客户也没有。

4. “欢迎来到我的家乡瓜达拉哈拉”

在人际关系中，信赖始于建立一种现实的期待。相较于你眉飞色舞地向客户说明产品的使用方法，让他对产品的性能有一种现实的期待更为重要。不幸的是，太多的销售员会夸大产品的好处，或没有向客户展示可以期待的东西，这两种行为都会削弱客户对他们的信任。此外，如果你没有讲清楚客户应该抱有什么期待，客户心中就会产生不确定和不安。

当我的朋友戴夫结婚时，他和妻子到墨西哥度蜜月。现在，戴夫仍然害怕坐飞机，但他从来没有告诉任何人内心的恐惧，甚至没告诉新婚妻子。所以当坐上飞机后，戴夫故作镇定（喝了一些饮料压惊），脸上满是勇敢的表情。

“起飞、起飞、起飞。”当飞机还停在跑道上时，他就在心里一直默念。

最终，飞机开始起飞、爬升——升到了12000英尺，然后是14000英尺，不过，突然飞行高度开始下降，而且不断地下降。

戴夫感到一阵恶心。随着飞机下降，他甚至可以看见一个小镇就在脚下。他心里想：“哦，老天爷！真是太糟糕了，我今天就要葬身于此！我们还没有孩子呢。”

接着，大约3分钟之后，机长宣布：“我希望你喜欢我的家乡瓜达拉哈拉（墨西哥西部城市）！我只想告诉你们这是我长大的地方！”

如果机长提前告知乘客们他的飞行计划，就不会有人受到惊吓，也不至于如此慌张。你能想象你还没有描述自己的病情，医生就给你做检查吗？这就是很多销售员在做的事情：只是向客户展示产品的优点，或者在给予客户任何期待前，接二连三地抛出一大堆问题。

清楚地表达自己的意图，能让客户在电话访谈中准确地了解你要表达的内容。而且，这也是证明你是一个值得信赖的人的最简单的方法之一。

把自己的意图表达清楚

这种简短的陈述（说之前思考1～3分钟）可以缩短客户理解的时间，让他听懂你的目的。在热身问候阶段之后，或者在发现和确认问题之后，销售员都可以进行类似陈述。我在对一个新客户进行培训时，会采用下面这类表述方式。

你们可能想知道我会讲多长时间、如何收费，以及我的培训是否会与你们现有的其他课程合并。今天，我会回答这些问题以及你们提出的所有其他问题。为了充分尊重你们的时间，我还会针对你们现有的培训课程提出一些问题——哪些有作用，哪些没作用？这可以帮助我更好地改进自己的培训，满足你们的要求。请随意向我提问你们关心的问题。

销售员主动表明意图有两个作用。

（1）让客户知道你是值得信赖的。你在制订并实施计划，就是在向客户表明你是一个可信赖的人。具体的表现就是践行自己的承诺，比如：遵守时间约定、解决某项问题或者向他们提供信息。只要坚持去做，哪怕是很小的一件事情，效果也远超说一千遍漂亮话。

（2）消减客户内心的紧张。客户心中那些无法言表的焦虑和恐惧，会杀死他们对你的信任感。销售员应该把自己的意图告诉客户，并且严格按照计划去实施，这样就可以减少这种不确定性。

● 付诸行动

表达意图的6要素

表达意图的6要素如下。

（1）换位思考。人们并不总是愿意去主动说出某些问题，如果你能弄清客户的“未说之言”，就可以增进你们的关系和感情。她正在担心、忧虑、兴奋或是怀疑？第一步就是要弄清楚客户的心理状态。

实例：你可能想知道我会讲多长时间、如何收费，以及我的培训是否会与你们现有的其他课程合并。

（2）议程安排。下一步，告诉客户你在电话中要说些什么。

客户想知道什么	你要告诉他们什么
你要说多长时间？	10分钟、2小时，“依兴趣而定”。
我们今天会做什么？	我们会评估你的需求，寻找当前或者未来感兴趣的主题。
今天我会和谁见面？	你，你和你的副总裁、财务经理。
你的产品和我现在使用的产品是否兼容？	我们的产品可以替换你现有的产品，或者增强其功效（增强功效的产品更受欢迎——人们讨厌改变！）。
我会看到什么？	房产、艺术品、太阳能电池板、最新的软件。
这次推销会产生很强的压迫感吗？	不会（确保你们可以优雅地接受谈话）。

（3）调查。在对客户进行调查之前，你需要征求对方的同意。如果客户同意，则说明他对你的推销持开放态度。告诉他通过提问可以更好地了解产品的特点。

实例：为了充分尊重你们的时间，我还会针对你们现有的培训课程提出一些问题——哪些有作用，哪些不起作用。这可以帮助我更好地改进自己的培训，满足你们的要求。请就你们关心的问题随意提问。

（4）缓解压力。销售员应该告诉客户，他可以不买你的产品，让他卸下包袱。注意避免老生常谈，比如：

- **我会向你展示一种你以前从未见过的产品。**

（除非你真的想向客户展示一头会飞的大象，否则千万不要这样表述。因为你怎么知道客户以前没有见过同类产品呢？）

- **今天我不是向你推销东西的。**

（那你在这里干什么呢？觉得一个人待烦了，想找人聊聊天？你的医疗师正在休假吗？每一个人都爱买东西，却又讨厌别人向他推销东西。不要说这些陈词滥调，一定要诚实。）

实例：**“不”是一个非常好的答案。对你而言，这个答案可能没有意义，也可能是出现的时机不对。**

（5）期待。根据你销售的产品不同，你可以向客户清晰地展示他们能够从你这里得到什么。现在，你的推销有什么特别之处吗？奖励？再开一次会议？一天的促销？新产品问世？

实例：**今天我们打7折。**

实例：**你来得正是时候。我们刚刚收到新品，还会赠送一些特别的礼物。**

（6）请求反馈。交流是双向的，既然你已经表达了自己的意图，那么问问客户对你的想法。人们不希望听到长篇大论，他们只关注其中的某些部分。

实例：**你们有什么问题或要说的吗？我非常乐意回答你们的提问。**

如果你不知道答案怎么办

如果客户提问或者追问某个问题，你却不知道答案的时候该怎么办？用“我不知道，但我会找到答案”作为答复显然是不合适的。为什么？你应当知道，信息是丰富的，而你不能是无知的。

假设你现在是所在行业的菜鸟，而你销售的是一款很复杂的产品，你自己也搞不明白具体细节，那你该如何回答客户呢？下面是我的两个建议。

- 求救：告诉客户，你会从他人那里获取信息。“这是个好问题，我不能100%确认，但我可以在……（给出一个期限）之前告诉你答案。”
- 知道什么说什么：用你知道的全部信息答复客户（如果对客户有帮助）。“据我所知，今天的利率比几个月前的要高，但对你的问题我会再去认真核实。”

不要忘记你的意图是什么

客户会在有意无意间审视你发言时的表情，听你说话的口气，琢磨你这样说的目的。他们会想：这个人值得信任吗？他想从我这里得到什么？因此，在向客户表明来意之前，你一定要对自己的发言字斟句酌。我的师傅告诉我一定要记住自己的用意，应该在睡觉的时候都能倒背如流。

在军事训练中，士兵们要学会在黑暗中分解和组装武器，练出肌肉记忆和自信。销售也是同样的道理。当你自信从容地表达自己的意图时，你就会感染客户的情绪。你要问自己：“我如何才能帮助客户？”“在和我做生意时，我想让他有什么样的感受？”你不能隐瞒自己的意图，要做到“内化于心，外化于行”。

能力比你卖的产品更重要

你需要了解自己的产品，知道产品的使用方法及原理，但为了赢得客户的信任和尊重，你还需掌握更多的东西。除了产品之外，你必须向客户提供有参考价值的意见，这样才能增加产品的附加值。现在的客户非常“娇气”，不仅需要你卖东西给他们，而且需要你说清楚他们为什么非要从你这里买。

1. 不可替代

让我们再说说一手情报公司——他们研究的是客户做出购买决定的原因。在我前面提到的一个类似的研究中，公司的分析师们发现销售员需要具备让客户摆脱现状的能力。除了职业性和响应力外，“对行业情况了如指掌”也非常重要。

这看起来是销售员的基本要求，但是在今天，人们对行业知识的了解程度比以往任何时候都重要。只有获取行业的最新资讯，站在行业的风口，你才能提供给客户新鲜的知识，而这些是他从其他途径无法得到的。

记住，今天的产品很复杂。你的客户希望知道的东西包括：

- 与同类产品相比，有何优势？我买到的是最好的产品吗？
- 我还有其他没有考虑到的问题吗？
- 当我不懂时，谁会帮助我搞清楚？
- 这么多公司都提供相同的产品，我为什么必须选择这一家？

2. 知识就是力量，洞察力才是王道

不久之前，我见到了贾洛德，他今年27岁，父亲是一名汽车修理工，母亲有残疾。他的业务范围主要是推销智能手机和网络服务。他在自己所在的地区堪称一枝独秀，23岁时还是一个区域培训师，但随着职务的升迁，他以前的上司居然变成了直接向他汇报的人（这是每一个销售员的梦想）。

2011年，贾洛德忙于让客户从使用翻盖手机转为使用智能手机。随着光纤和数字用户线路（DSL）等新型网络服务的兴起，客户掌握的信息越来越多，但难以分辨信息的真伪。而贾洛德的销售业绩在他所在州名列榜首，打破了公司所有的销售纪录。

当我问他成功的秘密时，贾洛德说："我是一个技术员，我学习与产品相关的所有知识，但更重要的是，我还学习所有竞品的知识。当客户不知所措或者面临只能选择一种产品时，我可以提供他们所需的建议，让他们做出明智的决定。"

你的产品、你的竞品或竞争对手以及行业发展的趋势，这些都是你要不断学习的内容，如果不坚持学习，你就必定会被那些像贾洛德一样勤于学习的人打败。

3. 提供网络上查不到的信息

气急败坏的销售员们抱怨，在网络上，他们的竞争对手提供的产品越来越多，让他们的生意没法做了。类似的话我已经听过不下几千次了。

"他们可以在网上买到更便宜的东西。"他们如是说。那么，我是如何回答的呢？

那又如何？发挥你的优势，让你的产品更加具有竞争力。

你买东西时，只会买最便宜的吗？一个晚上，你只吃汉堡王吗？你愿意每次都多花钱在高级餐厅大吃一顿吗？能够满足客户需求的产品可以建立一种内在的联系，解决客户的问题，为客户提供真知灼见。

请考虑下面这些问题。

- 近几年，旅游经纪人的数量增加了36%。你可以在网络上搜索到最好的冰岛摄影之旅的报价信息，但有时找旅游经纪人玛格达聊一聊具体的入境、酒店或者行程安排会更好。因为，玛格达和她的同事们对此经验丰富。
- 查理是盐湖城的一位奥迪汽车销售员，当客户的汽车被送去保养维修时，他会负责到机场接送每一位客户。当客户外出时，他甚至会随时向客户报告车辆的具体状况。"一些新销售员想不到这一点，"他说，"现在，你必须为客户提供全方位的服务。"
- 乔治在卡布圣卢卡斯（墨西哥旅游胜地）从事分时度假产品的销售工作，当客户告诉他通过亿客行①可以买到更便宜的旅游产品时，他不再烦恼了。他会向客户推荐公司的"金钥匙"服务（一条龙的个性化旅游服务），告诉对方这会节约他们宝贵的时间。此外，他还会推荐一些隐秘的潜水地点，可以预订到一些鲜为人知的个性餐馆，即使谷歌也查不到这些地方。

你能够提供网络上都查不到的东西吗？列个清单，开始联系客户，这会让你的起点更高。

- 技术支持；
- 儿童座椅服务；
- 餐馆推荐服务；
- 你的专业技能；
- 你的建议；
- 销售中的心路历程；

---

① 亿客行：英文名称是Expedia，全球知名的全方位服务在线旅游网站。

- 沟通交流；
- 售后服务；
- 友情；
- 对他们孩子的关心；
- 朋友圈：可以与其他购买相同产品或服务的客户进行交流。

4. 教会客户如何买到好产品

今天的客户需要你带领他们理解与你产品有关的各种信息和说明。每个销售员都要换位思考，问问自己："如果我买自己销售的产品，我想知道哪些东西？我应该考虑哪些事情？会担心什么问题？要做哪些准备？"

客户需要知道你销售工作的流程。除此之外，他们还需要你引领他们一步步做出购买的决定。在客户购买产品时，你要让他们知道如何挑选你的产品。是的，我说的就是你的产品。无论他们最终是否从你这里购买，你都应该帮助客户了解他们所面对的选择。帮助客户就是在帮助自己，帮客户做出决定会让你的销售变得异常轻松。

例如：当我与客户谈论我们的培训软件时，我不仅仅局限于我们自己产品的特点和好处；相反，我会告诉他们购买任何虚拟培训平台需要注意的问题。这种方法可以展示出自己的实力、技能和真诚，这些都会让客户信任你，并最终从你这里而非从竞争对手那里购买产品。

诚实：清楚自己的立场

如果没有自己的立场，那么你将一事无成。当你一帆风顺、衣食无忧、春风得意之时，你可以说自己是一个正直的人，不会歪曲事实。可当你的爱人生病、房贷逾期的时候，你又会怎么做呢？

你要树立自己的价值观，无论个人生活怎么样，都要知道哪些话该说，哪些话不该说，你的为人应当与你传递给客户的信息保持一致。

告诉客户你产品的缺点

如果你只对客户讲产品如何好，你就会失去客户的信任。现在客户最大的抱怨之一是销售员把产品“说得太完美了，让人根本无法相信”。

这看起来似乎有违常理，但是，如果你不坦白产品的不足之处，客户就永远不会相信这个产品对他们真正有用。

我在出售自己汽车时测试了一把我上面的观点。

车商给出的价格远低于凯利蓝皮书（美国标杆性的专业汽车评价公司，提供权威的汽车估值）给出的指导价格，所以我决定自己来出手这辆车。我发布广告不久，一位男士就来看车了，一辆漂亮的路虎，我标价2.79万美元——比凯利蓝皮书的指导价低了几千美元。很自然，他希望知道的第一件事情就是这是否是一辆事故车。

我诚实地告诉他："没有出过事故，不过，我要告诉你这辆车的缺点。"

这让他大吃一惊。然后，我领着他绕着车转了一圈，指出了我已经修理过的一些老毛病。不过都不是大问题，他完全不必担心，因为我已经完全修好了，我只是觉得有必要让他知道这些情况。

"CD机坏了，你也许要换一个新的。"我补充道。

他看起来非常放心，他心里肯定在想幸亏发现了这些问题。不过，他还是车内、车外又研究了一遍，然后对我说，在临近的镇子上也有相同款式的车，不但车辆里程少，而且售价更便宜。我耸了耸肩，准备回去工作。我和我的搭档已经四处发布了售车的信息，而且还有其他买家要来看车。

"那你应该去买那辆便宜的。"我不愿意再多说一个字。

"但你的车是绿色的，我就想要绿色的。"他说。

其他车不是他喜欢的类型，但他确定这辆车正是他想要的，而且由于我已经坦率地告诉他这辆车的毛病（小剐蹭、修理记录、坏了的CD机），因此，他确信这不会是一辆事故车。

他付了1000美元的定金，第二天再来提车付清尾款。在他出门时，他用目光扫了一下我家的客厅，然后问我是做什么的。

"干销售的。"我一边数着钱，一边回答他。

"你能干好销售吗？"

我没有回答，因为我的好丈夫已经替我回答了。

"好吧，她刚刚卖给了你一辆车，不是吗？"

第二天，他开着中意的车离开了，而我也证明了自己方法的正确性。除此之外，相比通过车商卖车，我还多挣了点钱。那一天的经历让我认识到：如果你担心失去，你就永远也得不到。

当时，我并没有为自己的这种方法起名，但是当我卖出自己的车后，我将这项技术称为"露怯"战术。也就是说，你要开诚布公地回答客户的问题，让他知道你的产品有哪些缺点。

你要记住以下事情。

- 你露的是“怯”不是“腚”，如果产品存在大问题，你就不要使用“露怯”战术了。
- 当客户提问题时，你要记住这些问题往往包含拒绝的意思。在使用“露怯”战术或者其他方法时，你一定要弄清楚客户问题的含义。
- 做到得失平衡。记住一个基本原则：当你失去一些东西时，你必须得到一些东西作为补偿。我们告诉客户产品的缺点的最终目的，是为了更好地展示产品的优点。

只要你的动机是纯粹的，“露怯”战术就可以起到很好的效果。无论采用何种销售技巧，你都不能去控制或者操纵客户。你最好三思而后行，问问自己的行为是在帮助客户还是为了自保。拿破仑·希尔在他的著作《思考致富》中写道：“我深知，如果没有建立在真理与正义的基础之上，任何财富或地位都不会恒久不变。因此，如果没有人可以从中获益，我就不愿意去做任何事情。”

做一个正直纯粹的人

想要真诚地对待别人，你首先必须真诚地对待自己。你为人的准则是什么？你是否遵循这些准则行事？坚持个人的原则很难，我们很多人都会贪图一时之快而去欺骗自己。你是否可以做到为了长远的目标而放弃一时的欢愉呢？

你真诚地对待自己，在销售时也更容易对客户以诚相待。

不久前的一天，我在播客上听到一段精彩的节目，是关于畅销书作家玛莎·贝克的访谈。当被问到是如何创作出这般优秀的作品时，玛莎·贝克说这是她坚持做一个正直纯粹的人的结果，即她在内心深处要求自己不说假话。她说：“你越真诚，你就越迷人，生活也就越简单，取得的成功也就越多。”

怎样才能成为一个正直纯粹的人呢？一定要诚实。为了自我解嘲，你是否在社交场合说过一些无伤大雅的笑话？当你紧张的时候，你是否夸大过产品的优点？通过不断地练习，你完全可以洞悉正直诚实的真谛。你应该问问自己："如果需要说谎时，自己该怎么做？"正如保罗·萨缪尔森所言，"好问题比好答案更重要"。"勿以善小而不为，勿以恶小而为之"，因为小过不改，大恶形焉。

这里没有教会销售员怎样做到举止得体的行为指南。你应该让自己的意识成为行动的先导。我们每一个人都必须知道自己将要成为一个什么样的人，必须树立正确的价值观。真诚的下一步就是被人信赖。共鸣、可靠、能力、诚实共同构成了一个人的优秀品德，而且历久弥新。

基于这点，我们在下一章将讨论如何正确地提出问题。这可以帮助你找到客户以及生活中的其他人的关切之处。

第七章

询问方程式：可谈之事即是可问之事

真理之七：当我们正确地提出问题时，我们就可以揭开事情的本来面目。“发现问题”就可以知晓客户的需求，引导他们沿着我们选择的方向去思考，对相关事物产生好奇心，并最终做出决定。这些问题有助于建立融洽的人际关系，获得对方的信任，帮助你实现自己的期望。提出好问题能帮我们清晰地展示自己的观点，而不必去声嘶力竭地大喊大叫。好问题可以扭转局面，也可以改变世界。

提问助你坠入爱河

我非常喜欢《纽约时报》上刊登的一篇文章——《36个问题让你恋爱》，文章引用了曼迪·莱恩·卡特隆为《现代爱情》专栏所做的《如何快速与陌生人相爱》。

文章的主旨是双方通过相互询问36个精心设计的问题，激发彼此的思考，迅速使感情升温，从而可以与任何陌生人谈恋爱。这36个问题被分成3组——一组比一组更加刨根问底。这个理论的核心是，共同的脆弱性能促进亲近感。这项研究的作者们声称："同伴之间发展亲密关系的关键模式在于持续、逐步升级、相互且个性化地袒露自我。人们通常很难和另一个人共享自己的脆弱，下面这个练习能迫使你做到这一点。"

我对这个理论非常好奇，所以决定和我丈夫一起试一试。10个问题之后，我们感觉到彼此更加亲密了——更加亲近和幸福。下面是其中的几个问题。

- 对你来说，"完美"的一天是什么样的？
- 如果你能活到90岁，同时可以一直保持30岁时的心智或身体度过剩余的60年，你会选择保持哪一种呢，心智还是身体？
- 如果你明天一觉醒来就能拥有某种才能或能力，你希望那会是什么样的能力呢？

我承认，我从来没有和我的理发师或者飞机上的陌生人做过这个实验。这个实验是为彼此之间已经有好感的双方设计的，但这仍然让我陷入沉思：是什么原因让这些问题促进了我们的心灵沟通？如果36个设计好的问题可以让你爱上别人，那么36个合适的问题也可以让你干好销售工作吗？

我想答案是肯定的。在合适的时间以合适的方式提出合适的问题，那么你得到的答案可以帮助你取得长期的成功。这种方法论式的提问法最早是由2400年前的古希腊哲学家苏格拉底提出的，它可以帮助个人和组织明确目标，扩展思路，让对立的双方达成一致意见。

伟大的励志家托尼·罗宾斯说过，人类的大脑是一台问答的机器。糟糕的问题只会获得糟糕的答案，精彩的问题会得到精彩的答案。我们向客户提出的问题决定了他们如何看待我们和我们推销的产品，以及是否会立刻购买产品。

本章旨在弄清楚提出哪些问题可以揭示客户的需求，可以建立更加丰富多彩和互利共赢的人际关系，从而更快地实现销售目标。

正确提问的力量

具体而言，问题的作用在于以下几点。

● 挑战旧理念，激发新思维。在人生之中，如果我们将无数不可能变为可能，我们就可以建立新的人际关系，获得商业上的机遇，优化工作方法。但是我们需要的是原创性的创新思维。一个3岁的孩子向做工程师的爸爸提出了一个问题："爸爸，我们为什么不能立刻看到我们拍的照片？"这个问题催生了宝丽来公司。

● 建立良好的人际关系。"沟通"（communication）这个词起源于拉丁文communis，意思是"共同化"。提问可以帮助我们通过分享共同的价值观来与人交流。正如约翰·马克斯韦尔所说的"好的问题可以让客户用'我同意'而不是'你在说什么'来回答你"。

● 提高交流的有效性。当你说话的时候，你不知道客户在想什么。他们或许在想"她什么时候才能不说话"或者"我已经知道这些东西了"。提问可以弄清楚客户的想法，让交流更加高效。

● 消除客户的抗拒心理。当客户说"不"的时候，销售员的惯性思维是继续推销。其实，不如提出一些问题试试，比如："你为什么不喜欢这个产品？""你为什么觉得它太贵了？"

● 促使我们行动起来。一般而言，语言表达可以激发大脑的逻辑性和分析能力，而提问可以激发大脑的创造力和情感能力。语言可以引发客户的思考，问题可以促使客户做出决定。

“不提问”的代价

科里是Strident房地产公司的销售员，在过去26年的工作中，她在公司里的业绩一直保持在第二或第三的位置。不过，最近她却不知道该怎么干销售了。

科里非常困惑，公司刚刚开发了一些非常棒的房子，看起来非常适合她的客户。最终，她发现四居室的住宅可以卖出去，但办公用房无人问津。不仅如此，新开发的项目还包括一个健身俱乐部、幼儿园、餐厅等，她觉得这个产品太完美了，自己都想买一套！可是为什么客户不愿买呢？

科里怀疑客户可能更喜欢住在小镇的西边，而且她的办公用房维护成本太高了。

事实上，科里的销售状况不佳与客户没有关系，完全是她自己造成的。

我向科里和她的团队成员提了几个问题，通过谈话，我发现了一个不寻常的线索。自从新产品推出以来，销售团队缩减了几乎一半的产品展示时间。经过进一步调查，我发现公司几乎所有的销售团队平均缩减了38%的展示时间。

为什么会这样？

很明显，在销售员忙于推介产品的时候，他们要么缩短要么取消了发现客户需求的步骤。

“销售巨人”，《大订单销售训练手册》的作者尼尔·雷克汉姆通过对施乐公司年轻的销售员进行研究后，揭示了这一现象背后的原因。在施乐公司，新入职的销售员们总是干劲十足，取得了令人不可思议的成功。但是就像钟表一样，18个月后，这些销售员的业绩开始下滑，进入低潮期。

雷克汉姆的结论是什么？一般销售员变成了行家里手，他们开始不惧怕客户的拒绝，想方设法满足客户的需求。除此之外，他们过于满足自己的销售工作，开始不去倾听客户的诉求，不去发现单个客户的需求。我也经常看到这个现象，新入职的销售员“初生牛犊不怕虎”，用他们的无畏和激情，发疯一样地工作。几个月之后，他们变得聪明了，开始变得只会提供信息，而不把客户的抗拒情绪作为首要考虑的问题，最终导致销售失败。

雷克汉姆的同事迈克·博斯沃思在一次关于“为什么销售员会失败”的在线研讨会上，提出了这样一个概念——“过早暴露”。你是否是“过早暴露”综合征的受害者?

许多像科里一样的销售员对他们的产品非常自信，认为其他人都会分享他们的热情。但他们忘记了向客户提问，没有挖掘客户的真实情感。他们没有找到客户购买的动机，结果欲速则不达。

在发现客户需求阶段进行正确提问（销售全过程都应如此），不仅可以帮助你锁定客户的真正需求，而且可以帮助你改进自己对产品的展示，以适应客户不断变化的需求。

以前的销售员只需要提供信息即可，但是如今的买家可以在互联网上找到所有的信息。所以，现在销售员的工作是诠释信息、提出问题、激发客户对产品的情感需求。很少有销售员去跟进客户对产品或服务的使用体验，而这种情感的交流正是好销售员与差销售员的区别，也是不同的销售总监以及公司之间业绩相差甚远的根源所在。

练习：找出可以发现客户需求的问题

我们提问题不能漫无边际、随心所欲。事实上，如果在错误的时间，提出了错误的问题，结果就会适得其反。你是否听说过这样愚蠢的问题？我可以说出来一大摞，有很多销售员会不假思索地提出许多完全没有必要的问题。

在发现客户需求阶段，提出一系列深思熟虑、目的明确、能够引发共鸣的问题，可以大大拓展销售工作，甚至比单纯的展示工作效果还要好。

在这个阶段，你应该想清楚自己要问什么问题，在提问之前应打好腹稿。

如果你能提前记下问题，就可以避免“事后聪明偏差”。这是一个心理学概念，指的是将已经发生的事情视为相对不可避免和显而易见的，却忽略了自己的判断，实际上已经受到已知结果的影响，也就是我们常说的“事后诸葛亮”。

其实每个人都当过“事后诸葛亮”，当事情发生之后才跳出来说“我早就料到了”，或者后悔自己应该早料到。在培训现场，如果我列出要问的问题，那么销售员们往往会觉得这些问题他们好像都问过客户。然而，当我要求他们写下问题时，他们就会惊讶地发现自己遗漏了许多问题——这让他们付出了沉重的代价。

“好记性不如烂笔头”，把问题写下来吧，你总有用到的时候。

沿着直线前进，找出“四大问题”

如果没有方向指引，那么你能够相信自己可以驾车穿越一个国家吗？最终你肯定可以到达目的地，但是如果缺少了地图或者GPS，你就会付出更多的时间。

客户可没你想象的那么容易对付。当你展示产品的时间过长或者偏离重点没有方向感时，客户们也会受此影响，表现出一副不感兴趣的样子。现在的客户们都很忙，他们有太多的事情要处理，街边的搭讪式推销只会让他们反感。你要做的是让他们放慢自己的心情和脚步，而不是被吓得跑开。

你的工作是通过提问找到客户的需求，让他们知道“这对我有什么用”，进而提出具体的解决方案。你的问题必须遵循一定的逻辑顺序，换句话说，你应该从收集信息开始，然后逐步深入提出问题，最终揭示出客户的购买需求和情感动机。

后面我会介绍如何使用三级销售法来找到销售过程中至关重要的“四大问题”，四大问题的内容具体如下。

- 通过第一和第二层级的提问，掌握客户的目前状况。
- 通过第三层级的提问，找出客户决定购买的动机。
- 找出客户的问题，进而挖掘出问题产生的原因。
- 揭示客户的关注点或者拒绝之处。

三级销售法，通过层层提问促成交易

几年前，当我第一次开始销售分时度假产品时，我独创了问题分级法，它帮助我寻找客户的情感动机。我将这种方法称为“三级销售法”，并且开始教办公室的其他销售员使用这种方法与客户打交道。因为我从中发现了商机。

我开始意识到，如果我可以用这种方法帮助一个人，就可以帮助一个团队；如果可以帮助一个团队，我就可以提高一个公司的收入，甚至改变企业的文化。

这种方法可以让你直击客户的内心，找到他买或不买的真正原因。从了解客户情况开始，然后逐步深入了解客户的情感和需求，最终发现客户的购买动机。具体如下所示。

- 第一级问题：了解客户现状。
- 第二级问题：掌握客户情绪——这种过桥式的问题可以让我们一点一点地接近客户的核心情感需求。
- 第三级问题：发现客户动机——更深层次的情感需求，决定着客户是否购买产品。

以下是一个实践三级销售法的例子。

销售员第一层级（事实）的问题：你购买过人寿保险产品吗？

客户：没有。我真心觉得自己不需要这种东西。

（这个答案可以帮助你实现销售的目的吗？可能不行，下面是第二层级的问题。）

销售员第二层级（情绪）的问题：你觉得现在有必要购买人寿保险吗？

客户：或许吧，我们现在已经有两个孩子了。

（我们正在接近目标。）

销售员第三层级（感情）的问题：你为什么觉得人寿保险很重要？

客户（思考片刻）：如果发生意外，我妻子就不得不去工作，孩子们只能独自在家。我不想让我家人承受这种痛苦。

销售员：所以，适时地购买人寿保险可以为你的家庭提供更安全的保障。

客户：是的，如果我能负担得起。

很好！上面这位客户为什么要购买寿险呢？答案是安全保障和家庭。客户的回答中感情因素越多，他们购买的愿望就越强烈。

三级销售法是否适用于商家对商家的业务（B2B）

做生意是有原则的，商人们要确认你的解决方案能否提高公司收入、减少库存和增强客户满意度。

但请记住：是人在管理着公司。公司管理者们做出的任何决定都建立在情感动机之上——能否让公司老板满意，缓解团队压力，或者是建立一个更加愉悦的工作环境。是人在做决定，而不是公司。

除了记住上面的话，你还要明白在销售工作中，人的动机可能隐藏在表象之下。你的工作就是找出客户们关心的指标，比如营业收入、挽留客户等。

下面是一个在B2B中使用三级销售法的例子。

销售员第一层级（事实）的问题：你们现在和复印机供应商签订的合同期限是多长时间？

客户（一家复印机销售代理商）：哦，我想还有12～18个月到期。

（这个答案可以帮助你实现销售的目的吗？可能不行，下面是第二层级的问题。）

销售员第二层级（情绪）的问题：你们对自己提供的售后维修服务满意吗？

客户：看起来挺好的。

（这时，销售新手们会直接跳转到“节省客户成本”，但使用三级销售法的销售员们会继续倾听。）

销售员：你是说“看起来挺好的”？如果有需要改进的地方，你认为你们公司应该做什么呢？

客户：好吧，我们的员工在维修时不得不穿过整个镇才能到达现场。

销售员第三层级（感情）的问题：这对你们公司影响大吗？

客户（思考片刻）：员工们不愿意离开门店去维修，因为路上要花费半天时间，而在这段时间我们的客户不得不等着，什么也干不了。这样效率真是太低了。

销售员：对你们公司而言，这种时间差是不是一种损失？

客户：很难说，但的确有损失。

销售员：也就是说，如果能避免时间差，不仅可以节省你的用工成本，而且可以让你的员工满意，提高客户的满意度。

客户：是的，我想是这样。

销售员：如果这样，我想第一年就会为你们公司带来巨大的效益！

客户：这种现场维修服务如何收费？

请记住客户为什么会买你的产品

如果你是团队中的一员，或者跟着老板干销售，你就会明白你的上司不仅仅会告诉你该如何做销售，还会激励你努力工作。所以，你必须由内而外、发自内心才能做好销售。你有激情，所以才愿意付出，客户也是如此。无论你是销售舞蹈课、房地产、软件还是销售保险，客户购买你的产品总是事出有因的，是基于情感需求和逻辑分析才做出购买决定的。

我们可以再回忆一下在第二章中讲到的7种核心需求。这次，我列出了在缺乏每种需求时，人们所产生的恐惧。

避免铁砧砸头

说到动机，人类所有的行为都是为了趋利避害。但是请记住，相对于趋利，避免眼前痛苦的欲望会更加强烈。在动画片《哔哔鸟与歪心狼》中，歪心狼寻找食物时总是蹑手蹑脚的，唯恐铁砧砸在自己的头上。

希望	恐惧
安全	死亡
冒险	无聊
认同	无人关注
人际关系	孤独
健康	疾病
方向和目标感	困惑和绝望
成长和教育	无知和愚昧

下面是一个有趣的环节：你还记得我让你写下在发现客户需求阶段你一般会提出的问题吗？看一看你写的问题清单。既然知道客户是基于第三层级的问题或者说情感需求而做出购买决定的，那么你就要问问自己："我是否提出了足够多的第三层级的问题？"你正在这样做吗？

如果客户是因为情感需求而去购买的，那么你为什么不提出这方面的问题呢？

精心设计问题，扩大市场份额

即使你发现自己没有提出足够多的第三层级的问题，你也不必灰心丧气。因为你并不孤单，大多数销售员都没有做到。举个例子，贾斯汀负责一家大型零售商的企业客户销售部，向全球企业主们以20万美元的价格销售特许经营权。他们的公司——我们称之为"快乐鱼"，利润丰厚。

贾斯汀个性鲜明，光彩照人，活力十足。他告诉我公司销售状况良好，但也许会更好。

"你会提出哪些问题以挖掘客户的需求？"我问他。

他沉默了。

"好吧，我并没有把这些问题写下来，"他承认道，"我是靠着直觉在向客户提问题。"

我们做了一次角色演练，结果证明，他提的大部分问题只是第一层级的问题：

- 你以前做过生意吗？

- 你的信用状况如何？
- 你会雇用什么样的人帮助你？

我说："好吧，这些问题都可以查明客户的状况，却无法让客户主动愿意去购买你的特许经营权。你需要找出他们感兴趣的地方。精心设计的第三层级的问题没有引起你的重视，但可以创造出客户对你们产品的需求。"

我和贾斯汀一起努力设计出来一个第三层级的问题清单：

- 你为什么想自己当老板？
- 自己当老板对你意味着什么？
- 为自己打工为什么很重要？

接下来发生的事情可以用"奇迹"来形容。贾斯汀的潜在客户们不再是慢条斯理地回答那些关于他们个人情况的问题。贾斯汀的新问题激发了他们内心深处的渴求，鼓励他们以行动去追求生活中的各种可能性。

"做好销售没有捷径可走，"我告诉贾斯汀，"你必须准备好问题，并且提前进行练习。"

贾斯汀在第二个月打电话告诉我，他们的销售增长了42%。

销售员在提问时必须循序渐进，首先以第一层级的问题来了解客户的现状，然后再慢慢过渡到效果更佳的第三层级的问题。当你听到客户的回答提到了7种核心动机或者相对应的恐惧心理时，你就知道交谈已经进入第三层级了，此时，你可以清楚地感受到客户情感的变化。

逐步深入：设计第三层级的问题

顶尖的销售员会精准发问，启发客户从全新的视角去看待自己的生意。

（1）刨根问底。当你问"谁、是什么、何时、何地"这些问题时，客户还停留在第一层级；问"为什么"，才能将客户引领到第三层级。

（2）使用"再给我讲细一点""接下来发生了什么"之类的话语。你听到得越多，就意味着客户分享得越多。

（3）找到客户生活的侧重点。关于客户情况的问题非常重要，比如“你生活中最重要的事情是什么”，但不宜开门见山，你可以先询问客户生活中侧重哪些方面，逐步引导出答案。例如：

- 购买第二套住房对你重要吗？重要指数从1到10。
- 找到合适的供应商重要吗？重要指数从1到10。

假设客户回答的指数是1或者是4，许多销售员可能就放弃了，因为他们认为客户不感兴趣。其实，他们恰恰忽视了重点。有些兴趣在谈话中一闪而过，精心设计的第三层级的问题却可以很好地识别这些兴趣。

聪明的销售员会循着客户的答案去追根溯源，找出“哪件事情的重要指数是10”。当你用心去销售时，你可以发现客户的核心需求，并且将其需求与你的产品连接起来，最终让客户迫切想去购买产品。

● 付诸行动

找出“四大问题”

1. 通过第一和第二层级的问题，了解客户目前的状况

目标：通过提问，掌握客户现状。

适用于商家对客户的第一层级问题：

- 以前使用过这类产品或服务吗？
- 你现在使用的是什么产品/你使用的是哪家的服务？
- 你经常使用吗？
- 你使用过多少次？

适用于商家对商家的第一层级问题：

- 你在公司工作了多长时间？

- 你们现在使用什么培训平台？
- 你手下有多少员工？公司的收入是多少？
- 你的团队销售渠道畅通吗？

在第一层级问题之后，要跟进第二层级的问题，你通过问这些问题可以让客户分享自己的情况。最重要的是，第二层级问题是过渡到效果最佳的第三层级的衔接阶段。

2．通过第三层级的问题，发现客户的主导购买动机

目标：通过提问，找到客户的情感需求——他们的希望和决策根据。

第三层级问题：

- 你为什么对这个产品感兴趣？
- 还有其他你没有实现的目标吗？
- 为什么购买一份保险对你很重要？
- 如果有富余的钱，你打算做什么？
- 就你现在的工作岗位而言，你有什么需要完成的目标？

3．找出产品和客户需求的结合点，进而展示产品的作用和意义

目标：确定产品在哪些方面可以帮助客户，但不要止步于此，你还要让客户明白解决这些问题对他意味着什么。

你的提问一般可以找出以下问题：

- 时间不够；
- 售后服务太差；
- 质量差；
- 使用不便；
- 速度慢；
- 价格贵。

下面这些问题可以帮助你找到上述客户不满意的地方：

- 你是不是希望找到一个快速解决问题的方法？
- 你使用……的最糟糕的经历是什么？
- 你之前感觉如何？（引导客户去思考目前使用的产品存在哪些问题。）
- 如果你不想办法改进会产生什么样的后果？
- 问题严重吗？如果从低到高分为1～10级，属于哪个级别？
- 如果目前的问题得不到解决，谁是直接受害者？
- 你打算改变吗？
- 为什么现在考虑改变？

当然，有时即使是找到了客户的症结所在，也未必能让他们改变现状。你还需要让他们清楚这些问题可能造成的后果以及要承担的成本。

比如，前几天，我们家中主卫生间的水龙头漏水，我太忙了，不想处理这件事。但是丈夫告诉我，如果我们不找水暖工人来维修，我们的实木地板就可能被水泡。后果会怎样？大约1万美元吧。于是，我打电话找来一个水暖工人，高兴地付给他650美元把水龙头修了。这件事没有引起我的足够重视，随后我看到如果任其发展下去的后果。问题的后果越严重，付出的成本越高，客户解决这个问题的意愿就越强烈。

再说一次，销售员不仅要强调问题，而且要强调如果不立刻解决问题的后果。你可以接着询问客户，"造成现状的原因是什么""为什么自己无法解决这些问题""如果不解决该问题会造成什么样的结果"。如果销售员没有真正发自内心地认同和实践这一点，那么他的销售成绩会比自己想象的更差。

4. 揭示客户潜在的顾虑或拒绝之处

目标：帮助你找到客户的顾虑和可能拒绝你的地方。

我的团队收到很多邀请，请我们去培训如何才能减少和处理客户的拒绝。问题出在哪里？克服客户的抗拒心理比发现他们为何拒绝更难。如果我正在准备一份野牛肉汉堡，而你却喜欢墨西哥鱼卷，那么克服抗拒的关键是我首先要知道你的口味。

你知道“没有问题就没有拒绝，没有拒绝就没有销售”这句话吗？在你请求客户下订单之前，你要打消他所有的担心和顾虑。现在你会遇到客户对你说“不”，以后也会遇到。你最好现在就被客户拒绝，这样你仍然有时间去找出原因，说服客户。发现问题前往往需要提前设想客户会有哪些问题，在电话销售的过程中会出现哪些新的问题，你必须确定这些问题是否真实，然后当它们出现时立刻予以解决。

客户常用的拒绝理由

客户常用的拒绝理由如下：

- 我能在别处买到更便宜或者品质更好的产品；
- 不需要；
- 我不相信这种产品/我不相信你；
- 我经济上负担不起；
- 产品太复杂了——太费事了。

下面这些问题可以帮助你更好地找到客户的拒绝理由：

- 你之前是否考虑过购买这种产品？你为什么购买这种产品？或者你为什么不购买这种产品？
- 在使用这种产品之后，你的工作或生活有什么变化吗？
- 你之前联系过其他人购买这种产品吗？你对他们的服务满意吗？
- 如果你购买这种产品，你的朋友、老板或者家人会如何说你？
- 如果决定购买这种产品，对你最大的挑战是什么？

如何以正确的方式提问

“如何问”和“问什么”同样重要。销售员们往往把经过深思熟虑的问题烂熟于心，却没有以正确的方式表达这些问题。有时，他们的问题深度过深、速度过快，客户往往接受不了，进而产生逆反心理，面对你一长串设计好的问题，他们却丝毫提不起兴趣给你答案。在没有深入了解他们的感受时就贸然要求他们回答你的问题，会让他们产生被冒犯的感觉。

相反，当你思路清晰、循序渐进时，即使有时问了一些出格的问题，客户也会谅解你，愿意与你交流。当你对客户的话不断进行回应时，客户会非常高兴。在我还没有完全介绍完产品时，有的客户就对我说：“这是我见过的最好的产品！”其实，我做的非常简单，就是去聆听客户，把他们在言语之间透露出来的自己喜欢的、不喜欢的、令他们兴奋不已的东西，在后面的谈话中不断地重复提及。

正是因为“如何问”和“问什么”同样重要，所以我制作了一份清单，列出了提问时的行动步骤。这份清单可以帮助你发现客户的需求。

1. 从一般到具体

我喜欢从最一般的问题开始我的探索之旅，比如“跟我说说你自己和你的公司吧”或者“咱们谈谈你和你的培训项目”。

你要注意对方是否回答了你的问题或者其他有用的东西。比如，他们可能会告诉你“我们还在观望”或者“我们对你们公司提供的服务不太满意”，这种答复会提示你客户现在最关注的事情是什么。

2. 让客户尽快发挥

你是否听人说过“如果提问之后，你总是先说，你就错过了解客户的好机会了”之类的话？如果没有听说过，现在我就告诉你。在发现客户需求阶段，很多销售员都会犯这样的错误。当在谈话中你不给客户留出空间时，客户会感觉到自己处于弱势地位。我发现销售员们往往无法忍受片刻的沉默，所以他们会用大段的话语填满这段空白。其实，你应该保持一个好奇心，耐心地等待客户说。当你认为“谈话结束了”的时候，那可能只不过是一个长长的停顿。

3. 赞美而非批评

不要让客户觉得非常压抑，否则他们会立刻关闭交流的大门。我经常听到有些销售员对客户的选择妄加评论，比如下面这些例子。

- 你现在使用的学习软件没有开发源代码，所以不如我们公司独家销售的这种学习软件。
- 每年你都露营吗？你应当考虑一下提升你旅行的品质了。

去年，我和家人到阿拉斯加的一个钓鱼小屋体验飞钓。一位客人问老板：“你管理这个地方肯定大伤脑筋吧。”老板立刻进入了反击模式，他回答道：“客人们钓鱼和乘坐水上飞机要向我付钱，我很喜欢这份工作！”两天后，另外一位客人告诉老板，他的梦想就是拥有一个属于自己的钓鱼小屋。这时，老板坦诚地说：“天天忙得不可开交，修热水器、培训向导、安装新的气泵！”

因此，基本原则是：当你指出别人的缺点时，他会突出自己的优点；当你赞美别人的优点时，他会显露自己的缺点。

4. 与客户面对面交流

有很多销售员只是把调查问卷递给客户就一走了之，或者只是通过网络把问题发送给对方。当你与客户面对面交流时，你才可能更深入、更全面地了解他。每当我在医生办公室被要求填写一份调查问卷时，我都会跳过那些不想回答的问题，而且尽量缩短答案。你的客户也是这样。

5. 在发现客户需求阶段“自动驾驶”不是一个好选择

正如我在之前章节所述，你要把所有的问题用笔写下来，确保每一个问题都经过深思熟虑，可以得到“四大问题”中的答案。如果你已经设计好了这些问题，那么你一定要对照客户四个方面的问题，逐一对比。

6. 找到故事的结局

在第五章，我讲了当你和客户没有共同点时如何建立融洽的关系。而在发现客户需求阶段的一系列问题不仅可以帮助你强化这种融洽关系，而且可以让你获得一些至关重要的信息。

提问，听答案，用一个答案引出下一个问题。一般而言，客户会根据你的问题给出适当的答案，不会多也不会少。

当你提出一个问题后，你要循序渐进，一个问题接着一个问题，保持连贯性，直到得到你想要的答案。我喜欢引用电影《粉红豹回归》的一个片段来说明这一点。

这一幕是以糊涂侦探克劳索入住一家德国酒店开始的。他看到一只小狗站在酒店经理的旁边，当他走近这只小宠物时，他问：“你的狗咬人吗？”

经理回答他：“不咬人。”

克劳索开始不停地拍小狗的脑袋，直到小狗狠狠地咬了他一口。

“你说你的狗不咬人的！”克劳索哭着说。

经理回答他：“这不是我的狗。”

接下来该怎么办

既然你已经掌握了“四大问题”的信息，接下来该如何做呢？对初学者而言，我们需要确认这些信息的确是客户的真实意思。顶尖的销售员不仅去发现问题，而且去确认问题的真实性。

发现和确认只是一个开端，即使是一场精彩绝伦的产品展示，也有可能无法改变客户心中的成见。你不能把自己的产品，比如技术、药物、汽车、理财产品强加给客户，你的工作是找出客户生活中缺少哪些东西，并将其和你的产品结合起来。

这种方式可以让客户愿意去购买你的产品——立刻下订单。难道你不希望客户产生强烈的需求，立刻就想买你的产品吗？怎样才能做到这一点正是我们下一章讨论的主题。

第八章

情感方程式：满足情感需求优于展示经济能力

真理之八：许多销售员误以为利用饥饿营销或者人们的贪小便宜心理，就能令客户产生迫切消费的冲动。但是，如果客户根本不需要你的产品，他们才不会在乎你是否只剩下了两件产品，或者你会赠送什么礼品。（有人需要马车吗？只有今天有售！而且免费赠送马靴！）在本章，我将会讨论如何通过讲故事的方式与客户打交道，将产品与客户的动机精准地结合在一起，以此来激发他们的消费需求。

充满魔力的电梯

纽约曼哈顿181街中转站，有一部电梯将人们从这里送到12层楼下的地铁站。布鲁斯·里弗若是负责这部电梯的普通的电梯工，每天的工作有些单调。然而，这一段路程在布鲁斯的手下变得让人向往和怀念。人们一走进这里，瞬间就会感到不同一般的温暖和亲切。

布鲁斯管理的电梯，不像纽约其他地方的电梯，没有粘着口香糖的地面，没有肮脏涂鸦的墙壁，代之以鲜花、植物，从CD机里放出的音乐，舒缓的、柔和的曲调回荡在空气中，乘坐氛围温馨舒适，人们伴着节拍，愉快得想跳舞。更令人称奇的是，电梯的四壁贴满了各种肤色人种的照片，黑人、白人、黄种人等等。

布鲁斯不但待人亲切，让乘客有宾至如归的感觉，还为他的乘客拍下快照，定期更换，贴在墙上。这一小小的细节，让乘客觉得，乘坐一次电梯，自己的形象就留在了布鲁斯的世界里。因而，他们把布鲁斯的电梯当作自己“流动的家”。

狭小的电梯空间是布鲁斯的世界，在这个世界里，一批批布鲁斯视如亲人、素不相识、形形色色的行人进进出出。他觉得生活并不枯燥，也不孤单，他的世界被来来往往的人们填满。

然而，这并不是布鲁斯生活的全部。他在电梯里常年放置了一个食品箱，上面写着：“请帮助我们资助穷人！”靠着这只箱子，布鲁斯每个月都为穷人募集到上千磅的食品。虽然布鲁斯并不富裕，但是他的心灵世界里装着更穷的人。

布鲁斯逐渐发现，他起初想着为别人做的事，使他自己也发生了变化。他又开始热爱起自己的工作来，并从中获得了乐趣。

直到有一天，当他来上班时，他发现电梯间被打扫一空。墙上没有了照片，角落里没有了募捐箱。另一位电梯工告诉布鲁斯，公司总裁正在地铁站的站台上做关于改进服务质量的讲演。“工头不想让老板看见你电梯间里的那些东西。他们说那样做不规范。”

布鲁斯带着一颗沉重的心开始了工作。乘客们从地铁站出来，一进入电梯间便七嘴八舌地议论开了。“发生什么事了？”“那些东西呢？”

布鲁斯把总裁来这里的事给大伙说了，人们点点头，他们也都看见站台上有一大帮记者正围着一个人，听说他就是该公司的大老板。

电梯到了街上一层时，大多数人留了下来，其中一个代表大家说：“布鲁斯，把我们再送下去吧。”

30秒钟以后，人们从电梯里出来，径直走到了公司总裁的身边。他们告诉总裁，乘坐布鲁斯的电梯是他们来往路上最愉快的一站，他们不想这里有任何改变。

那天，在布鲁斯快下班的时候，每一张照片、每一盆植物、每一样东西都原封不动地回到了电梯间。布鲁斯的电梯再次成了他和他的乘客的乐园。

一段3分钟的电梯路程能发生什么事情？布鲁斯如何将这些人一天的时光浓缩进这3分钟？无论如何，布鲁斯让忙碌的纽约人愿意走出自己的空间去关心其他陌生人，去理解别人的感受，而且不计回报。要知道，纽约人都喜欢生活在自己的世界里，不愿意去和别人交流。他们把头埋进报纸，把耳机塞进耳朵，对胆敢看他们一眼的人报之以咆哮。（就像一个喜剧演员戏谑：“在纽约的地铁里，眼神的交流就意味着你许可别人去杀你。”）

听起来是不是很像你的客户们？所以，如何才能让一个游离在生活之外，对世界充满质疑的人去接纳别人，感受生活的温暖，用心去拥抱这个世界呢？

也就是说，我们能从布鲁斯身上学到什么？

布鲁斯满足了一个人的基本需求，他将毫无瓜葛的陌生人链接起来，形成了一个具有共同志向的团队。他用自己的行动向我们展示了“每人献出一点爱，世界将变成美好的人间”，但在我看来，他的贡献远不止于此。在一瞬间，他改变了乘客们的情绪，为他们创造了一段美妙的情感旅程，让他们愿意立刻行动起来去帮助别人。其实，我们每个人都可以像布鲁斯一样用自己的行为去感染别人。

为什么改变客户的情绪如此重要？因为情绪支配着人的行为。好的产品推介可以让客户如同经历一次深刻、难忘的情感之旅——再辅之以可以满足他们需求的产品，就能够产生一种我称之为“情感需求”的现象。

获得客户认可的新办法

如果你是一个销售老手，那么可能会有人教过你采取下面的方法激发客户的购买欲望：

- 设定购买期限；
- 附送赠品；
- 提高价格或者减少优惠。

现在我问你一个问题：你是不是千方百计让客户立刻购买你的产品，而你听到的仍然是诸如“我再考虑考虑”“我们需要核实一下预算”“时间不合适”之类的答复？

如果你能按照我的方法去做，答案就会变成“YES”。

我对你的手段已经了如指掌，其实客户如果根本不需要你的产品，他们才不会在乎你是否只剩下了两件产品，也不关心你会赠送什么礼品。你的这点小伎俩根本不能让他们对产品提起兴趣。

在没有获得客户的认可之前，你不可能让他们产生消费需求。但如果客户对你的产品能产生情感上的认同，你就等于获得了客户的认可。当你将所售产品与客户的所思所想融为一体时，他们就会向你敞开心扉和自己的钱包。

情感需求的三要素

情感需求决定人的行为。如果能够了解如何激发人的情感需求，你就可以取得客户的信任，和客户建立深厚的感情，最终做成大生意。

在此之前，你已经完成了热身阶段，向对方表明了自己的意图，并且通过提出第三层级的问题发现了客户的需求，与客户建立了信任关系。如果操作得当，你这时应该还没有开始正式向客户推销自己的产品。销售员之前所有的工作就是收集信息，这可以让客户产生情感需求，进而即刻决定购买你的产品。

现在你已经进入销售流程中的产品展示阶段，需要把产品的特性完整地传递给客户。我看到不计其数的销售员为了尽快向客户展示产品而匆匆提出几个问题了事。这时，客户最想知道的只有一件事情：这对我有什么用？即你是否能够解决他们的问题，满足他们的需求。但是，在你将自己的产品与客户需求结合成一单生意之前，你必须确认自己收集的信息是完全准确的。

换言之，不论你销售什么产品，你的客户是谁，为了让客户产生情感需求，你都必须完成以下3个步骤。

- 确认客户的想法、需求和关注点；
- 将客户的需求与产品的特点结合起来；
- 分享自己的故事和令人难忘的销售经历，从而让客户产生情感上的需求，唤起他们的购买欲望。

建立反馈循环

如果你玩过攀岩，你就肯定熟悉这些口令：

“保护就绪！”

“开始！”

“爬！”

攀岩者们使用这些事关生死的口令，确认各方已经对他们的位置、下一步的动作以及前进的时机等都达成了一致。这是一个完整闭合的沟通循环，许多致命事故的发生正是因为这个循环中某个环节的缺失造成的。

销售员们往往认为自己掌握的信息是准确的，但有时会忽略或者误解某些关键事实，我们都知道自以为是的后果是非常严重的。

建立一个信息反馈的良性循环对销售员而言一样至关重要。原因何在？一些基本情况——比如名字的拼写很容易确认和纠正，但是倾听并对客户的感受做出反馈很难。

最近，我和一个老朋友聊天，四年前她的丈夫因癌症而去世。她告诉我她公司有一个会计叫鲍伯，两个人经常在一起，鲍伯认为她不能再这样一个人生活下去了。

我很兴奋地问她：“哇，你们两个人之间产生火花了？”

她大笑起来说：“哦不，他和我儿子年龄差不多大，他认为我应该买一些好家具，改善一下居住条件！”

还好我向她进行了确认，否则我认为她已经在计划婚礼了！你是不是也经常向客户反馈你的想法、意见、希望和恐惧？这种情况可能比想象的要多。

根据不同的销售流程设置，既可以在发现客户需求阶段之后，又可以在跟进会谈开始时进行确认陈述。简言之，确认信息就是将你听到的信息向客户复述一遍，确认你没有理解错误。

这个步骤可以确保你获得的全部信息真实、准确。在漫长的销售周期中，这有助于你把控进度，防止意外情况的发生。

光辉国际的创始人肯·范瑞告诉我们：“这种倾听是一项很难掌握的技巧，部分原因是现在的每个人都身兼数职，接受过量的信息，从而导致容易分散注意力，造成交流时信息的不对称。然而，更重要的原因还在于这与大脑发挥作用的方式背道而驰。当我们在倾听时，大脑无时无刻不在做着这些事情：评估输入的信息、预测结果、做出判断、安排优先顺序。而更多的时候，我们是在相反的道路上越走越远，使倾听变得漏洞百出。”

最近，我就因为忽略了信息确认这一步骤而犯了一个非常尴尬的错误，让我损失惨重。

大卫是一位销售副总裁，是公司里有权做出决定的人物，他请我为他们公司内部的销售部门定制一个在线培训课程。大卫很兴奋，我们进行了三次会面，包括深入探讨公司的需求，我们计划在第四次见面时讨论项目的范围和费用事项。

当我坐下之后，两个陌生人也坐在会议室：大卫的新老板和一个新的课程设计师。几句寒暄之后，大卫的老板看着我问：“你打算卖给我们什么产品？”

我几乎惊呆了。我根本没有准备介绍个人简历和展示业绩，毕竟大卫已经很清楚地表明希望我来负责整个项目，请我在本已安排很满的工作日程之中再加入他们公司的项目——我本以为是这样。如果我能够在会议开始之前进行口头确认，或者更妥当的做法是，发送给他们一份书面的议程确认讨论的事项，我就可以顺利地往前推进项目，而不至于这么尴尬地坐着。

付诸行动

信息确认要做哪些事情

1. 复述第一层级的基本信息

向客户复述包括姓名、日期、地点、重要事项等，可以增进客户对你的信任。如果是个人客户，你就要多关注他的个人信息，比如家庭成员、活动爱好等；如果是企业客户，你就要多关注现有的供应商、公司内部管理架构、体系分工和岗位职责等。

苏珊是一家大型公司在科罗拉多地区的咨询师，她擅长使用信息确认。她与一家快速发展的医疗外包公司的CEO进行了三次谈话，非常深入地探索了客户的需求。在这些工作之后，她向这位CEO确认了第一层级的信息：

“现在来确认一下我是不是准确理解了你的话：两年前的5月份，你创办了你的公司OSM。事实上，上周你们刚刚庆祝了公司成立两周年。公司经历了现象级的发展——员工从5个人增加到现在的500多人，你是科罗拉多现场医疗救护业务的顶级供应商。

“你的目标是将公司业务拓展到菲尼克斯和加利福尼亚，你已经有了一个新的执行官——华纳，你刚刚聘用他担任公司副总裁，负责销售和市场营销，这对公司会帮助很大。然而，华纳还有些稚嫩，要学的东西还有很多。我说的这些话对吗？”

2. 复述第三层级的基本信息

复述事实层面第一层级的信息只是个开始，接下来，你需要向客户复述第三层级的问题。确认这些事实如何影响他们的情绪以及由此如何作用于他们的行为。苏珊接着说：

“你对从事了15年的内科医生工作充满了激情，但你认为公众——尤其是工人——的医疗保健水平在不断下降。通过提供现场医疗救护服务，你可以感受工人们的医疗体验。你将这个目标铭记心间，并为之全心付出。”

太棒了！这位CEO还能拒绝吗？苏珊说出了她的心声，让她觉得自己的工作和事业意义重大。这就能创造出购买的迫切性！正如一个广告所言：“稍等片刻，精彩继续！”但实际情况是，大多数销售员都忽略了这个步骤。

3．复述异议

我知道“异议”这个词语可能会让人困惑，所以我首先澄清一下这个词语的含义。异议并不是拒绝，而是客户对你的产品能否解决他的问题还存在疑问。向客户复述他们的异议，获得他们的肯定和许可，这样，你就可以明白无误地回答他们心中的疑虑。

“现在，你的公司取得了巨大的成功，成绩令人欣喜，但公司内部随之出现了一些领导力方面的问题，目前，你们新的执行团队定位不清、职责不明、责任意识不强。显然，不能将原因归咎于你个人，但是你需要确定是否还要继续雄心勃勃的发展规划。事实上，根据你的计划，公司明年的销售收入要增长35%。

“如果管理团队缺乏凝聚力，就会严重影响公司的利润和品牌形象。你已经和其他咨询师探讨过这方面的问题，但是你认为自己与他们没有发生化学反应，他们还需要花费很长时间才能真正理解公司的真正需求。”

在进行完上述3个步骤之后，你可以通过对方的以下表现确定自己是否已经获得认可。

- 点头表示同意。
- 身体前倾认真倾听。

● 口头表示同意。

正如你所猜测的，所有的这些表现都说明客户已经产生了迫切的购买需求。

4. 获得同意

既然最艰难的工作都已经做了，那么最后不妨询问客户你所述的信息是否准确，如果准确，就提出自己的解决方案。这个方案要直击客户的主要购买动机，可以解决他面临的问题，进而打消他的所有顾虑。你可以这样表述：

"所以，你正在寻找的咨询师应该是这样一个人：他愿意与你共同分享你对医疗健康事业的执着追求；他了解这个行业，也愿意付出时间和精力去了解你团队中的每一个成员；他有能力整合公司的管理架构，规划公司的发展战略，无论是现在还是将来，都可以帮助公司成长。我说的对吗？还有遗漏的地方吗？"

如果客户说"喔，你说的完全正确"或者"的确如此，但我还想再补充一点……"就说明你已经得到了他肯定性的确认。

但要当心下面这些情况。

● 敷衍了事地确认，比如，他表示你没有在认真倾听或者你根本不关心他的感受。

● 销售员说个不停，没有暂停下来去观察对方通过口头或者身体语言表达出来的想法。

● 销售员"填鸭式"的单方面向客户灌输自己的观点，而没有去倾听对方的话语，并进行有效的反馈。

巧用确认技巧会让你的表现出类拔萃。当我从客户那里得到确认的意见时，我都会由衷地对自己销售流程的实用、高效感到欣喜。

发现客户情感，扩大市场份额

马克最近麻烦缠身，他的客户流失殆尽，他的上司狂躁不已。他们是一家授权经销商，从事家具直营和旧家具翻新业务。他还记得那些日子，似乎遇到的每一个人都喜欢把自己的家装饰一新。他经常在展销会上遇到很多潜在客户——他们所有人都愿意花钱，希望把自己的家重新设计并装修一番。

但是，尽管这些潜在的客户当中有很多人能够负担得起装修费用，但是实际购买的人不多。

马克抱怨说："由于经济萧条，因此很少有人愿意买家具了，他们没有兴趣翻新家装，成交率已经降到了10%。"

"翻新家具或许不是他们优先考虑的事情，"我说，然后又问他一个简单的问题，"你这个地区只有10%的人在早上醒来后会想到要重新装饰一遍自己的家，你认为是这样吗？"

马克说："或许对吧。"

我说："那就是你成交率只有10%的原因。"接着，我问他："90%或100%的人早上醒来后希望做、想去做和需要做的事情是什么呢？"

马克无言以对。

"按照你现在的生活品质，你还想做哪些改进？"我问。

马克思考片刻后说："少点时间工作，多点时间陪孩子，但是他们已经上大学了，而且很少回来。"

我提出了一个方案："你可以考虑投资修建一个全新的家庭房，配有大屏电视、室外烧烤、水疗SPA、加厚沙发、游戏房。这样，他们就会回家过圣诞节，而不是待在学校宿舍了。"

我接着说："我的邻居康韦夫妇就在自己家里建了一个游戏房、掷蹄铁的游戏场、可以室外烧烤的吧台！现在，在大学假期，他们的孩子不会再去朋友家玩了，而是邀请朋友们都来自己的家。"

我想我给他带来了一些新鲜的想法。

几周之后，我和马克再次见面，他告诉我有一对夫妇来店里挑选产品。经过几分钟有针对性的提问，他了解到他们的女儿马上要结婚，搬进一个新房子住，但里面的厨房装饰已经过时了。30分钟之后，这对夫妇当场签下了订购合同，购买了一套新家具送给女儿作为结婚礼物。

随后，我们将这种第三层级的销售技巧教授给了马克的整个团队，成交率随之上升了超过35%。第二年，销售业绩比预计的还要好，他们迅速占领了曾经失去的市场。

有太多的销售员只把自己视为订单的提供者。如果客户没有主动表达购买的意向，他们就会放弃，跳过去寻找其他潜在客户，而不是将自己的产品与客户的关注点结合起来。而顶尖的销售员懂得如何发现客户隐藏的情感（或业务）需求，以及他们需要解决的问题，进而通过自己的产品向客户提供问题的解决方案。

如果能够做到这一点，你就可以将产品卖给那些通过你的产品解决自身需求的客户，从而扩大自己的市场份额，而且这些客户会毫不犹疑地购买你的产品。

当你开始全心去聆听，精确地询问，你就可以激发客户的购买欲，让销售变得水到渠成。通过不断地实践，你提出的问题就愈发一针见血，挖掘的客户心理就越深刻，就越能够满足客户的需求。

然而，你仍然想知道："掌握了客户的这些信息，对我有什么用？"正如亚伯拉罕·林肯所言："不读好书的人并不比不会读书的人强多少。"如果你不会正确使用这些信息，你就不会比那些从开始就不去发现和探索这些信息的销售员强多少！

销售员之间是有差别的。

● 好的销售员会探索和发现客户的需求。

● 优秀的销售员在探索的过程中会正确地发问，发现客户的"四大问题"：第一层级的基本事实、主要的购买动机、需求和异议。

● 卓越的销售员会从发现之中提炼客户的信息，并将之与产品的特性和优点结合起来，进而获得客户的信任。

以下是一些基本要点。

● 给客户一个可供参考的信息点。"之前你告诉我，你正在收集不同的劳务派遣公司的报价。在我看来，对方对于你所在行业的了解程度将是左右你选择哪家公司的关键因素。"

● 展示自己产品的特点。"我们哈迪劳务公司拥有超过40个行业的专业人士，其中，仅银行业就有23个。"

● 指出自己的优势。"我们许多竞争对手只是向客户派遣员工，而我们公司不仅派遣员工，这些员工还熟知客户所在的行业。"

● 表明自己的产品对对方的好处。"这意味着我们可以向贵公司的关键岗位派遣最好的员工，可以将贵公司员工的流失率降低36%。"对准客户的主要购买动机，满足其需求，消除其顾虑，就可以让客户明白你的产品对他有什么用。

● 最后提出确认性的询问。"我们的专业性不正是贵公司目前所需吗？"

● 付诸行动

要么结合，要么失败

让我们看看如何才能展示自己产品的特点、优势以及给客户带来的好处。

● 产品特点：简言之，就是产品的功能。采用量化的方式，以无可争辩的数据表明产品的特征。产品特点本身并不会激发客户的购买欲，但这些特点带来的好处可以促使客户做出购买决定。

● 产品优势：优势可以让产品在客户心目中占据领先位置，可以让其与竞品区别开来，也可以让客户明白为什么他应该选择你的产品而非竞争对手的产品。

● 使用产品的好处：好处可以定义为产品的价值或者有用之处。介绍产品的好处就是让客户知道产品的特点对他有何用处——可以帮助他解决问题，满足某种需求。

如果你在出售新的房子，那么房子所在小区配套的娱乐设施就是其重要特点，好处在于能让住户享受健康的生活方式，这就是产品与客户需求的结合点。在开始推介时，你要以之前已经讨论过的信息点作为参考点。

● 参考点：你之前提到自己优先考虑的是健康和休闲问题。

● 特点和优势：我们开发的项目与其他项目不同，建有一个体育馆以及SPA区域。

● 好处：你在工作之余无须驾车外出，就可以在小区内尽情享受生活！

● 确认询问：你觉得如何？

确认询问之后，你收到的回复可能是同意，也可能是拒绝。如我之前所讲，现在遇到客户拒绝比以后遇到要好得多。

下面是一个销售学习软件的实例。

参考点：您之前说过贵公司至今还没有一套量化指标体系可以考核销售代表的培训情况。

特点和优势：我们公司学习软件的优势就在于拥有一套完整的测试、监控和报告体系。

好处：你可以对销售代表从产品知识到交易技巧的履职能力进行测试，确定哪些销售代表需要进行培训。通过使用这套考核系统，我们许多客户的生产效率提高了35%以上。

确认询问：这些可以满足贵公司的需要吗？你还有其他需要补充的吗？我的理解对吗？

以下是我们在展示产品过程中要注意的几个事项。

1．把产品特性与客户需求结合当成是一次登山

你产品的特点和优势是对客户最有意义的东西。你可以将这种产品的特性与客户的需求结合当作一次登山旅行而做的准备工作。许多家庭喜欢去攀岩和徒步旅行，我们假设你要进行一次在外过夜的旅行，所以必须做好准备工作，决定好带哪些东西，不带哪些东西，所有没有必要携带的物品都会增加重量（如果你看过电影《涉足荒野》，就能明白我所说的含义）。产品与需求之间过多地结合会影响销售的流畅性，阻碍客户的购买。销售员只需要展示三到四个产品特点足矣！

记住：过犹不及！

2．请勿使用刻板的表述

你没有必要按照上面提到的程序一步不落地进行。事实上，如果你做得太过刻板，那么结果会适得其反。记住：上面的程序是为了让你的

大脑时刻关注产品与客户需求的结合点。“万变不离其宗”，你的语言方式可以灵活多样，没有必要墨守成规。

3．得到客户的确认

顶尖的销售员在产品展示的过程中会获得客户的确认。虽然你通过上面的步骤可以发现客户的需求，但是你仍应立即提出几个问题获得客户的确认，激发他们的购买欲。你可以这样提问：

- “我今天展示的内容可以满足你们的全部需求吗？”答案有两个：是或者不是。如果客户回答“不是”，你可以接着问：“我还需要介绍哪些内容？”

- “我们的方案是最佳的吗？”同样有两个答案，如果客户的答案为“不是”你，可以接着问：“我们还需要在方案中做哪些改进？”

通过上述两种提问方式，你可以首先确保自己已经理解了客户的需求，更重要的是，你清楚地表达出了他们的需求。在激烈的市场竞争之中，这可以让你立于不败之地。

以产品为支点，你还可以提出其他方面的问题，比如经济承受能力、时间安排以及谁有权做出决定，等等。最后，销售员在提问时一定要自信——做销售就要勇敢一点！

准备一些客户爱听的故事

许多年前，我和同事玛塔参加了一个圣诞夜聚餐，一对老夫妇——他们都已经90多岁了，戴着红色的圣诞帽，上面挂着小铃铛。他们真是太可爱了。他们坐在我们旁边，两个人都喜笑颜开。我禁不住好奇地问他们："幸福婚姻的秘诀是什么？"

老妇人的丈夫转向我说："你知道吗，我第一次遇到海伦是从海军退役之后，现在你都无法想象。"——他耸了耸肩，接着说："我当时有多帅！海伦总是缠着我向我求婚，而我总是对她说：'我需要考虑考虑'。"

"她告诉我：'只有试过你才知道有多好！为什么我们不先结婚，然后你再去思考呢？'所以我照做了。67年过去了，我仍然在思考这个问题。"

说完之后，他们两个人都笑了起来。他们的笑声穿越了他们的一生，融入食物之中，火腿、鸡蛋和面包都充满了幸福和爱情的味道。

我们的大脑喜欢听故事，我们的心灵更加珍惜美好的故事。多年之后，当我把这个故事讲给一对迟迟无法决定是否结婚的恋人时，他们很快做出了决定。

最新研究证实，在合适的时间听到合适的故事，可以让我们的大脑释放一种叫作后叶催产素的激素，这种神经化学物质可以让人产生同情心。神经经济学家保罗·扎克将后叶催产素称为"感情激素"，它可以让人变得更加值得信赖、慷慨大方、乐善好施，从而产生怜悯之心。

即使客户对你提供的信息感兴趣，如果没有感情因素的引导，他也不会做出下一步行动。你的客户只是脑子中知道了你的方案，但只有当他在内心深处真正认可你的方案时，他才会选择购买你的产品。

“我有所有她想要的东西”

随着社交媒体的不断更新，我们推销产品和服务的方式也发生了翻天覆地的变化。我们生活在一个“我有所有你想要的东西”的世界，思路是这样的：你喜欢一样东西，而我喜欢你，所以这样东西一定对我有用，正所谓“爱屋及乌”。如果我们两个是真正的朋友，相较于通过网页上弹出的窗口广告、电视广告、广告牌和杂志插页，你有27%的可能性会喜欢上我推荐的东西。你通过故事销售产品，不仅可以让客户经历一次情感的旅行，还可以让客户看到你以及你的产品是值得信赖的。

杰克是我们的一个客户，他非常善于用故事和奇闻逸事来叙述自己产品的优势：“美国运通公司有25%的销售代表认为这个产品非常有用。”或者：“摩根大通公司认可这种服务的优势。”你可以在故事中看到一幅非常美妙的场景，你的客户同样可以。

策划故事，以情动人

许多销售员会讲述其他客户使用他们产品的经历，但是他们没有想过为什么要讲这个故事或者说这个故事如何讲才能影响客户。在你讲任何故事之前，你要问自己以下几个问题。

- 我为什么要讲这个故事？
- 这个故事有什么作用？
- 讲故事的目的是什么？
- 这和客户的购买动机有关系吗？故事能够解决客户的需求吗？

- 这个故事足够动人，可以吸引客户的注意力吗？
- 故事中有哪些妙语佳句？客户会记住这些妙语佳句吗？

最好的故事应当是真实和令人信服的。不管你是销售复印机、软件、旅游产品，还是咨询服务，遵守下面5个原则可以让你讲好有关别人的故事。

1. 故事意图明确

非常简单，问自己："我为什么要讲这个故事？我是如何让故事影响听众的？"讲故事的目的大致有以下几种。

- 触发客户的购买动机。
- 解决客户潜在的问题。
- 打消客户的疑虑。
- 建立信任关系。

故事能帮助你建立与客户的信任关系，将他们的需求与产品紧密地结合起来。请记住：逻辑让我们思考，情感让我们行动。广告商们把这个理论运用得炉火纯青。

2. 故事真实可信

只有当讲述的内容是真人真事时，你的故事才能取信于人。斯坦福大学学者和演讲导师李·艾斯勒告诉我们，讲故事必须栩栩如生，仿佛你又经历了一遍这个事情，这一点至关重要。你要把自己置身于故事之中，我就是这样做的。这让我体会到了故事的力量。我意识到有时我一直在讲自己的某些经历，让人觉得缺乏可信度。

但如果你与我的困扰相反呢？我是满肚子的故事，而对那些初入职场还是销售菜鸟的人而言，该如何讲故事呢？相信我，我对这些新手们的困惑感受颇深。

建立故事库

当我刚从事销售工作时，我没有向其他人那样收集一组故事备用，脑中空空如也。然后有一天，我偶然听到了马克的事情。他非常厉害，每次讲故事时都会让客户感动得流下眼泪。所以，我问他："马克，你是否介意我把你讲的故事也讲给我的客户？我会说明，这是我的一个同事马克和他客户的故事。"

马克非常高兴。

我向公司的每一个销售员提了相同的问题，然后我把他们的故事记在了一个黑色小本上，并且进行了分类整理。

- 类型A：触发客户的购买动机。
- 类型B：解决客户潜在的问题。
- 类型C：打消客户的疑虑。
- 类型D：建立信任关系。

我记录下这些故事，并仔细提炼语言。我知道我选择的语言对于能否发挥故事的作用、影响客户的情感具有巨大的作用。例如：当我描述食物时，谈论巧克力舒芙蕾比只说好吃的食物听起来要诱人得多。这个方法让我获益匪浅。

现在信息非常发达，你很容易为自己建立一个故事库。你可以挖掘自己的故事，包括客户的图片，建立一个故事账户。你需要30~40个好故事，并且进行分类、联系。即便不是你本人的故事，也一定要做到尽可能饱含热情地讲述。

3. 故事必须具有相关性

不要告诉CEO你的客户来自纽约，他提到了一个来自内布拉斯加州叫伯尼·汉森的农民。故事是讲给客户听的，一定要引发他们的共鸣。"我也是这样！真是似曾相识，我也有过类似的经历。"

4. 故事不能围绕着你自己展开

你不能假定自己正在使用而且非常喜欢自己的产品，因为客户会怀疑你在自卖自夸。精彩的故事应当是出自那些对你的产品满意的其他客户的经历。

5. 故事必须详细具体

你是否注意到了，故事越具体，听起来可信度就越高？

明确具体的奖赏比大而化之的表彰要有用得多。同样道理，情节丰满的故事会产生更好的效果。律师、广告商和顶级的销售员都知道动人的故事更可信。例如，下面的表扬哪个看起来可信度更高？

- 我们的拨号器是最好的产品，是电话营销的好帮手。
- 我们的拨号器具备选择拨号功能，这可以将电话营销的成功率提高35%以上。

在故事中尽量加入人名、时间、地点等要素。新闻报道的一些方法值得我们学习，比如，好新闻不只会报道大街上出现了一只小狗，还会告诉读者小狗的名字。细节越详细，故事就越容易让人相信；人们越相信故事，越能引发读者的情感共鸣。

在引用升幅或降幅时，“32.5%”就比“50%以上”更能令人信服，准确的数字会增强故事的可信度。

故事不仅仅是罗列发生的事情，我们要在其中加入自己的感情，以此来说服客户。故事可以让我们更好地理解身边发生的事情。事情本身并没有任何意义，当我们把事情叙述出来时，它便具有了意义。销售员一定要让自己的故事真实、可信、动听、感人。这样，你不仅可以卖出更多产品，而且能更好地享受销售的过程。

第九章

接纳方程式：唯有耐心，才可消除抗拒

真理之九：一旦客户表现出抵触情绪，很多销售员就会降低价格，修改合同条款，或者干脆更换其他产品。但真相是：只有当客户在感情上接纳你时，你才能真正接近他们。这部分内容讲述了让客户接纳产品的策略，消除那些最难对付的客户的抵触心理，找出那些最终真正要拒绝你的客户，确保你可以又快又多地完成销售。

你什么时候买的墨西哥卷饼

我丈夫会高兴地告诉别人，我是一个糟糕的厨师，不过自己还是有几道拿手菜的，其中之一就是牛肉卷饼。制作这种食物分几个步骤，我会先写下需要准备的食材——小薄饼、洋葱、香菜、芝士、牛油果，当然还有牛肉。然后，我来到超市，找到杂货摊位，挑选各种材料，放在我的手推车里，再去结账。

问题来了：我什么时候买了牛肉？

有人说："当你去收银台结账的时候。"

也有人说："当你从货架上取下牛肉，放在手推车里的时候。"

正确的答案是："在我离家去超市之前，决定要买的时候。"

重点是在你询问客户是否要购买你的产品之前，他往往已经决定要买了。不过，在接下来的每一步，他们都会评估自己做出的决定是否合理。这就意味着销售不仅仅是单方面去推销产品，还得让那些已经心中有数的客户（但客户可没有告诉你他们的想法）不放弃原有的打算。

在达成交易之前，大多数销售员都需要转变思路，太多人由于太自以为是而造成了客户流失。如果客户说"我需要再考虑考虑"或者"我们需要征求人力资源部门、财务部门或者律师的意见"，那么该怎么办呢？

销售不是一件简单的事情，如果游轮正在沉没，放下船锚也于事无补。

所以，在达成交易之前，你一定要仔细研究我们之前讨论的每一个步骤。除此之外，你还要养成一个好习惯，那就是不断地检测自己的感情状态。你是不是向客户展示了自己的同情心、好奇心和责任感？

在你自信可以达成交易之时，客户可能还在犹豫能不能再降低点价格，或者存在其他顾虑。客户最初表现出来的抵触情绪很少是真实的，他们还没有将"牛肉放在自己的篮子里"，但他们可能已经将牛肉从货架上拿了下来，正在阅读标签呢！

为了有效应对客户的抵触心理，你有必要知道如下内容。

（1）客户购买产品时6个主要的抗拒表现。

（2）科学是如何解释为什么客户会给自己找借口的。

（3）消除借口，找到3个方法解释客户为什么拒绝。

（4）达成交易的制胜之策。

面对客户的拒绝，我该如何反驳

在一次培训现场，我开始就给学员们布置了一个任务：写下最近6个月你听到的每一个客户的拒绝。参与者们都很喜欢这个环节。我演奏了滚石乐队的《我得不到满足》，每一个人都听得如痴如醉。

我把学员分为5组，每一组都要在一张白纸上写下客户的拒绝。毫无例外，每一组都要加纸，教室里的气氛越来越紧张。很快，每一组都列出了客户25～35个拒绝理由。然后，他们把这些纸张都贴在墙上，满墙都是客户的顾虑。

有些学员开始变得不安起来。有人问："我该如何反驳客户的拒绝？"

还有人说："毫无疑问，最近我的业绩可不怎么样。"

这时，我向他们揭开了一个令人吃惊的真相：

"你听到的客户所有的拒绝，其实可以被分为6类。在本次培训结束的时候，我将会公布答案。"

学员们都轻轻地叹了口气。

借口VS拒绝：两者有何不同

我列举了客户常用的几个借口，比如“我需要再考虑考虑”“我需要和财会部门再确认一下”“我们只是在收集信息”等。客户使用这些理由只是在掩盖他们真实的意图。

在我公布了客户拒绝的6个主要原因之后，学员们开始思考：客户们说“再考虑考虑”“再给我发一个项目方案”时究竟是什么意思。

为了更加有效地达成交易，你必须首先弄清楚借口和拒绝之间的区别。

借口是客户想出来的托词，目的是为自己不买你的产品找个台阶下。有些借口是真的，但更多的时候只是一种防御机制。从另一个方面讲，拒绝才是客户真正的关注点。无论是借口还是拒绝都很容易应对，但方式不同。学会区分两者以及运用不同的应对方式，是你取得成功的关键。

世界上的色彩表面上看起来不计其数——你知道吗？你可以看到1000万种颜色。客户表达出来的拒绝理由也不胜枚举。

但是每一种色彩都是三种基本颜色组成的。同理，客户真正的拒绝原因只有6个。我建议你把遇到的所有客户所说的拒绝理由都记下来，然后和这6个拒绝原因进行比较，你就会发现自己听到的许多拒绝理由都不过是托词。这非常重要。

正如我们所见，这些借口都是假象——即使它们是真的，你也不必做出回应。接下来，我会教你如何识破这些借口，找到客户真正担心的地方。只有这样，你才能做成生意。

6个真正的拒绝原因

1. 没有需要

客户因为“没有需要”而拒绝有两种可能。一是你的产品对潜在客户的确没有价值。比如，你想卖给我一双空调鞋（是的，的确有这样的产品），我就没有需要。空调鞋对我来说一文不值，因为我不会参加7月份在死亡谷举行的恶水超级马拉松[①]。即使我参加比赛，估计跑不过6千米，我的空调鞋也会融化。

另一个“没有需要”的原因是客户已经有了类似的产品，而且这个产品状况良好，或者客户根本还没有开始用。客户可能会出于医学上的原因不能使用你的产品，或者销售副总已经采购了类似的产品。大部分销售员都认为，这种情况是最难克服的。因为你的推销是没有用的，而且客户也没有动力去改变现状。但我接下来会讲到，即使是这种情况，也是有机会的。

2. 不值这个钱

不要把这个理由和“我们没有预算”“我们负担不起”这样的理由混淆在一起。客户有钱买，他认为可以买到更便宜的，或者用相同价格买到更好的产品。不要将这种拒绝简单地视为客户在经济上无力承受，事实不是这样的。这

---

① 号称“世界上最艰难的超级马拉松赛”，举办地在美国加利福尼亚州与内华达州交界处死亡谷的恶水，全程约217千米。

与产品的价值有关，而与客户的经济状况无关。随后，我会教你重构产品价值的技巧，帮助你应对这类客户。

3. 不信任产品的功效

客户对于使用、安装或购买你的产品持怀疑态度，他们觉得你把产品描述得太完美了，无法令人信服。如何应对这类客户呢？如果他满腹疑虑，你就不要夸夸其谈了，而应用数字、图表等去展示产品，用事例去说明产品的价值，增强产品的可信度。你应该坦诚地告诉客户，你的产品不具备哪些功能，这样他就会更加信任你的产品所具备的功能。

4. 困惑

客户有时候只是没有弄明白情况，他的思维宽度还没有达到理解你产品的程度，不清楚你的产品对他的工作或生活有何意义。他们会问自己："这个项目有什么作用？""为什么我需要这个产品？"

谁让客户如此困惑？很可能是你，更有可能的是你提供的信息太多且速度太快。

为什么会出现这种情况？因为你总想着"首发命中"，让客户马上了解你的产品，尽快达成交易。殊不知，你的节奏太快了，结果适得其反。所以，销售员要学会慢下来，多听少说方为上策！过多的信息对客户反而是一种负担。人们宁愿不做决定，也不愿去做出错误的决定！为了应对这类客户，你需要做到以下几点。

- 介绍3～5个与客户关系最为密切的产品特性（自己判断客户的关注点）。
- 不回答客户没有提出的问题。
- 不使用行业术语和缩略语。
- 使用信息图和类比介绍产品，比如"我们的积分系统和你的航空里程类似"。

● 给予客户的信息数量要不多不少，足够帮助他做出决定即可。在他决定购买之后，你再考虑其他要讨论的信息。

5. 太费劲

我们已经讨论过，你最大的竞争对手不是产品或者某个人，而是客户“安于现状”。你的产品越复杂，客户购买的可能性就越低。当销售过程中出现这种苗头时，你要向客户强调你的售后和服务，强调你的资历和能力，向他们展示在使用你的产品或服务之后，他们的生活将会变得更加便利。

客户不会像你玩填词游戏一样逐字逐句地告诉你他有哪些困惑，他们不会说：“这太费劲了。”所以，你要深入挖掘，读懂客户每一句话的深层意思。

6. 钱不够

有时，客户真的非常想买你的产品，但的确负担不起。（这与上面讲到的由于你没有完全展示出自己产品的价值，让客户认为你的产品“不值这个钱”不是一种情况。）你要保持清醒的头脑，客户往往会以此为借口，因为这是一个最无伤的脱身理由，客户也不愿意伤害你。在一些重大产品的销售中，客户可能会不再回复你的电话或者归咎于采购资金不足。有研究表明，客户使用这个借口的概率非常高，所以在销售中你要做好应对之策。

6个真正理由之外的都是借口

当你在向客户推销产品时，你肯定遇到过无数个“拦路虎”。如果它们无法归入上述6种拒绝理由之内，就很可能是借口。

由于产品不同，客户的借口的表现形式也各异。借口听起来有点刺耳，但你应当将其视为一种善意的谎言，不要惊奇。帕梅拉·梅耶在她著名的TED演讲《如何识破说谎者》中告诉人们，我们每一个人都在说谎，一个人平均每天要说10～100个谎话。我们从婴儿时就学会了这项技能，为了吸引关注会假装哭泣。5岁的小孩为了逃避惩罚会脱口而出“小狗打碎了花瓶”“她先打我的”。成年人为了避免尴尬会说谎，比如“不，非常合身，你穿这件衣服一点也不显胖”；为了推迟做出决定会说谎，比如“我们两周之后给你打电话”。

技术的普及让越来越多的人成了说谎的匹诺曹，我们会说：“我没有看到你的电子邮件，是不是在垃圾邮件文件夹中？”或者：“我有一个紧急会议……必须离开一会儿。”而真实情况是我们工作太多了或者太疲劳了，所以有时为了维持良好的人际关系，我们习惯性地去撒谎。

你的客户为什么说谎

为什么客户们不能开诚布公？“你的产品太烂了！”“你太烦人了！”“我不太信任你！”客户说这些话岂不更容易一些。在寻找理由之前，你先把自己当作一个客户。你是不是也会随便编个借口而不去表达自己真实的想法？你是不是也不知道自己为什么东躲西藏，不愿做出正面的回应？我就是这样的。

回到几年之前，我和路虎4S店的查理进行了预约，试驾之后，查理问我是否考虑购买。但我感觉不太好，所以迟迟没有下定决心。

我有一些顾虑，其中之一是我听说路虎的售后服务很糟糕。当我提出这个问题时，查理没有予以回应。没有人会去否定自己或者说“让我解答你的疑虑吧”。我听到的都是夸夸其谈，比如“这车是最好的……最棒的……最完美的”。

想一想：查理是不是在吹牛，没有人告诉他吗？（是的，在我心中他就是这样的人。）可能他不是，但你会相信这样的推销吗？

我不会。为了避免场面尴尬，我给查理找了一个台阶下。我告诉他我弟弟有同一款车，在买之前我需要听听他的意见。我说：“不过，问题是他在比利时。”随后，我要了一张查理的名片，就再也没有给他打过电话。

一般而言，在这种情况下，客户不会做出决定，因为他们还是一头雾水，我把这种状态称为“消极的购买情绪状态”。换言之，这种状态可分为以下3种。

- 怀疑的状态；
- 恐惧的状态；
- 尴尬的状态。

每一种状态导致的结果是“无法做出决定”。

1. 怀疑的状态

毫无疑问，客户对你或者你的公司没有信心，你没有赢得他的信任。记得要展示出自己的缺点，让客户明白你没有隐藏任何东西。谁知道客户的大姐夫、财务总监、父母有没有跟他说过你的产品。

不要再遮遮掩掩了。如果客户问“你们产品的维护费是多少”，我会告诉他：“维护费会不断上涨。”如果客户问“再转手出售时还值钱吗”，我会说：“不值钱，如果离婚，你会愿意白送给对方。”这会让客户大笑不已，然后我会继续坦诚和详细地回答客户的每一个疑问。

很多销售员去吹捧自己的产品，而不是体味客户对产品的感受。这些销售员总是爱钻牛角尖，所以产品才卖不出去。如果你也是这样的人，客户是不会信任你的！

2. 恐惧的状态

人们宁愿不去做决定，也不愿做错误的决定。优柔寡断会让公司、政府和客户驻足不前，这将让社会付出巨大的代价。客户害怕做出错误的决定，所以他们根本不会主动做决断。

3. 尴尬的状态

今日的产品和服务比以往要复杂得多，客户往往对你的产品了解不深，但又不想让你察觉自己的无知。我曾经和一个名叫马可的销售员共事，与其他销售员相比，他展示产品的时间总是别人的3倍。他认为通过自己的讲解，即便是一个5岁的孩子也可以理解他的产品。猜猜结果如何？客户才不愿意当一个5岁的孩子，所以让他闭嘴。客户不会提出任何问题，没有任何拒绝之处，但也不会购买产品！

不要把客户当成对立的“假想敌”

神经学研究表明，当我们处于积极的情绪状态时，我们更能集中注意力和做出决定。只要你的客户处于上述3种状态中的任何一种，他们就会心存疑虑。他们既不会做出决定，也不会告诉你自己的真实顾虑。怀疑、恐惧和尴尬起源于我们大脑中的杏仁体，这部分区域决定着一个人是去战斗还是去逃避。如果遇到这种状态的客户，你只能面对他与你争吵或者找借口逃跑这两种局面。因为这些反应是由他们的DNA决定的。

问题是，面对这种局面，你该做些什么？

唯唯诺诺？咄咄逼人？还是表态坚定

我们现在可以看出，“如何卖产品”比“卖什么产品”更重要。你还记得上面讲过的苏西和托尼以及他们极端的销售方法吗？苏西总是去取悦客户，而托尼却像一个沸腾的锅炉，总是咄咄逼人。

像苏西这样对客户唯唯诺诺的销售员，在销售的过程中从来不会提出探索性的问题或者去挑战客户，故而没有办法激发客户的购买欲。一味迁就客户的结果就是，客户从来没有觉得这是在“做生意”。

而像托尼一样过度亢奋的销售员总是心急火燎地推销产品，结果把气氛弄得异常紧张，让客户不知所措。

不失礼貌地表达自己观点的销售方式与这两种销售方式有很大区别。在整个销售过程中，销售员都会很好地掌控客户的情绪——而不是在快结束时，才想到自己应该注意客户的情绪。他们千方百计地去建立融洽的关系，也会在合适的时机推介产品，赢得订单。除此之外，他们在达成交易阶段会很好地应对客户的抵触情绪，因为他们将这一原则贯彻在整个销售之中。

立场坚定，但不咄咄逼人，这并不容易做到。下面这些表现不仅会让你失去订单，而且会失去客户对你公司长期的信任。

销售时不应该做的事情

1. 挑战客户的借口

当你与客户争吵时，你会将他们逼得无路可退，而客户的负面情绪会在三个状态之间来回切换。比如，如果路虎的销售员查理要求我给弟弟打电话，或者给我施加一些错误的饥饿营销（“明天会提价”或者“这是最后一辆车了”）时，我想我的情绪会从怀疑变成愤怒。我想我会不留情面地予以回击，然后潇洒地转身离去。如果你试图挑战客户，那么他们也会这么对待你。

2. 降价

当你降低价格时，你心里会想：这足够便宜了，他们会买的。我提醒你，如果你让自己的产品“足够便宜”（当然，空调鞋之类的除外），也许有人会买，但他们就会对产品的价值半信半疑。如果不能够揭示和解答他们心中的疑虑，他们就会说：“我现在不感兴趣。”

为什么我们急于降价？许多销售员低估了他们的产品对客户的价值。就像我的同事亚当·罗伯特森所说，“这些销售员没有认识到自己产品的价值，他们只看到了客户的钱是不是进了他们的腰包”。

这不是和客户讨价还价，你可以向他展示产品的价值，如果你只是打价格战，总有竞争对手的报价会比你的低。通过分析，你会发现价格不是客户最终关心的对象。你去试图反驳客户的借口，就像我的一位前同事乔·麦克格里夫说的那样，“这就像是和假想敌在战斗”。你不停地发起攻击，从各个角度去击打它，但对手置之不理。

3. 总想着往前推进

凯蒂销售一种供应链领域的复杂技术，往往需要6个月到3年的时间才能完成交易，中间涉及诸多具有决策权的人。当凯蒂听到客户说“我们还没有预算”时，就会准备一份冗长的推介材料。猜猜结果如何。3个月之后，她得到的答复是“太贵了”。显然，凯蒂对销售信息挖掘得不够深，如果客户说太贵了，就说明他们已经有了预算。

4. 当受气包

像苏西一样，傻傻地等着客户给她回电话，兴奋地告诉朋友第二天她会拿到一个大订单，花费时间和精力去臆想那些根本得不到的东西。一个销售员如果缺乏自信，他就会这样表达：“能告诉我你什么时候可以决定吗？”或者：“我会告诉你我的家庭电话，你有任何问题或疑问可以随时联系我。”这不是应该的服务内容，显得有点卑躬屈膝了。做销售要不卑不亢。

5. 孤注一掷

想象一下以下场景：一个销售员正在询问客户是否已经决定购买自己的产品了。

客户：我需要核实具体的数据，看看今年的预算情况，然后回复你。

销售员：如果你现在不买，我们就要涨价了。我们现在是在做促销，马上要恢复原价了。

客户（愠怒）：看来我们不得不多花点钱了！

（客户摔门而出）

你能猜出客户现在的情绪状态吗？

如果你是客户，你会有何感受？这个销售员显然太缺乏诚意了，他对自己的工作缺乏激情，急切地想卖出自己的产品。无论销售员如何努力建立信任，客户都不会敞开自己的心扉。所以，销售员需要用心去倾听，在回答客户的问题之前弄清楚客户当时的感受。或许，销售员需要先给自己放个假，放松一下自己的心情。

6. 销售不适合客户的产品

去年秋天，我和很多公司的CEO们去东欧考察。在布达佩斯的英雄广场，一个街边的小贩走到我身边，向我推销皮帽。我们之间的对话是这样的：

小贩：你花40欧元就可以买到这顶皮帽。

莎莉：我能试试吗？（她把帽子递给我）不合适，太小了，还有其他帽子吗？

小贩：没有了。这顶帽子不错啊，河狸毛做的。好吧，30欧元？

莎莉：但不合适，我戴不上。

小贩：好吧……20欧元，买一送一。

可能我们之间有语言障碍，这个小贩并没有理解我的话。也有可能是她只剩下两顶帽子，想赶快甩卖回家。所以重点是：要想卖出产品，你必须发现客户的疑虑，回应他的关注点。虽然很便宜，但我为什么不去买那顶皮帽？因为我戴不上，虽然我的耳朵很冷，但我需要一顶我能戴上的帽子。我总不能买两个帽子，一个耳朵上挂一个吧？这就是我不愿意花钱的原因。

当销售接近尾声时，我们不该去找资料反驳客户的疑虑，或者针锋相对地驳斥客户的借口。销售员要想达成交易，就必须富有激情和耐心，倾听客户真正关注的问题，并且做出正确的回应，这样才是一次成功的销售。

● 付诸行动

找到客户真正的疑虑

现在你已经知道客户的6个真正原因：

- 没有需要；
- 不值这个钱；
- 不信任产品的功效；
- 困惑；
- 太费劲；
- 钱不够。

以下是一些客户的话，你可以进行分类，看应该归入上述6种情况中的哪一种。记住，虽然有一些拒绝的理由是真实的，但大部分都是为了掩饰真实原因的借口。确定客户真正的拒绝原因并不是一门严谨的科学，你需要不断尝试，积累经验。每一次遇到客户的拒绝时，你都可以把上述6种原因当作模板，用来跟客户的说辞进行对比。这种方法可以确认客户是在找借口还是真正在拒绝你，对改进你的销售方法有所帮助。

- 我会上报董事会；
- 我们第一次遇到这种产品；
- 我们正在收集报价信息；
- 时间不合适；
- 孩子们该上大学了；
- 我们要看看有没有更多不同的选择；

- 很有趣，给我发一些材料，我们过后会回复你；
- 现在还不在我们的预算之内；
- 我们对现在的供应商很满意；
- 我不知道该如何使用这个产品；
- 这个产品不错，但是我目前用不上；
- 这不在我的权限范围之内；
- 我们需要核实一下资金是否充足；
- 现在（这个产品）不是我们优先考虑的对象；
- 我们正在削减预算；
- （这个产品）太贵了；
- 我们想买一个质量更好的产品；
- 我对你们公司印象不好；
- 我们已经和现在的供应商合作多年了；
- 我弟弟也是做这个产品的；
- 能不能再优惠点；
- 你已经给我们提供很多信息了，我们正在考虑。

你还能想到客户拒绝的理由吗？每当客户给出自己的原因时，你要分辨出它们属于6个原因中的哪一个。然后，做好准备，想好如何去应对客户的理由，这样才能展示自己产品、公司和行业的价值。

巧用三个分辨技巧，找出客户拒绝的真正原因

以下三种方法可以帮你成功应对客户给出的拒绝理由。如果你能坚持不懈地重复训练，你就能像条件反射一样熟练运用这些技能。遗憾的是，许多销售员只是死记硬背，没能领悟其精髓，所以他们无法将自己的感受传递给客户。

你可能已经准备好去应对客户的拒绝，回应他们关注的问题。但是如果你没有耐心或者情绪狂躁不安，你就不可能做到这一点。在销售过程中，被自己的情绪绑架的销售员将会付出非常昂贵的代价。

在回应客户的拒绝之前，你必须分辨出他真正的拒绝原因，这是关键的第一步。当销售过程临近终点时，你的节奏必须慢下来，多多倾听和复述，确保自己已经理解了客户的观点，然后再想办法让他们相信你。尖锐的话语、傲慢的语调都会让你的讲话变得毫无意义。你的目标不是跟客户争论对与错，而是做成一单生意，现在可不是较真的时候。

如果你能有效地表达自己的想法，他就会乐意接受你的推介，表达自己真正的想法。以下任何一个技巧都可以让客户从消极转为更加积极的情绪状态。

1.“优惠下周仍然有效”

这个方法和饥饿营销，比如“本次优惠仅限今天”是完全相反的，但是请记住，你的目的仍然是立刻或者尽快达成交易。下面是一个模拟场景，你可以根据实际情况随意调整自己的表达方式。

客户：我们需要再考虑。

销售员：没问题，我理解这是一个重大决定，为此你必须多花点时间。（停顿，拿出你的电子日历或者笔记本）你觉得需要多长时间才能做出决定？

客户：至少1个月吧。

销售员：（从这个月中挑出一天，确定一个具体的时间非常重要，不能含糊不清）10月24日我给你打电话如何？上午9点可以吗？

客户：当然可以。

销售员：好，咱们就这么定了。

这时，你可以看到客户已经放松了下来。在他的大脑中，今天他不用做出任何决定，不必向你提问或者必须去了解某些复杂的东西了。他放松了警惕！更重要的是，他大脑中的杏仁体已经解除了防备，大脑开始变得灵活起来。他可以更加清晰地思考问题，甚至想到之前根本没有意识到的细节问题。

以下是接着要做的事情。

销售员：我有点好奇，假设现在就是1个月后，我上午9点给你打电话。你当时会想到有什么问题或疑问需要我解答的吗？

客户：我想我们需要对你的公司做更深入的了解，确定我们做出的是最好的选择。

哇！你已经成功剥离了客户的借口，发现了他真正拒绝你的原因。

这种方法非常奏效，因为它完全不在客户预计的范围之内。他们放松，大脑会产生新鲜的想法。现在，他们会准确告诉你他们的不满意之处。尤其是当你听到客户说“我需要再考虑考虑”或者“我们现在还没有决定的准备”时，这个方法更为有效。因为它可以让你发现客户属于6种拒绝原因中的哪一种，进而有效应对。如果运用得当，客户就会向你敞开心扉，你就可以解决他心中真正的疑虑。

再次强调，你在运用这个技巧时必须融会贯通，用自然得体的方式来表达，否则，客户会觉得你是在给他下套。你的语调和表达方式是成功的关键，不要让尽快达成交易的渴望遮蔽了你的思路以及客户的想法。

2. 复述客户关心的细节

当客户说“我需要再考虑考虑”“我们需要和律师谈谈”或者“我们没有预算”的时候，许多销售员会瞬间浑身冰凉。问题就在于这些只是借口，只是在掩盖客户真实的想法。如果你能学会复述客户关心的细节，你就可以发现他拒绝的真实原因。

下面是5个步骤。

（1）专心倾听客户的关注点。

（2）使用“过渡表达”，比如“我理解你的感受，这的确是一个重要的决定”，然后向客户复述他的关注点，询问自己是否理解正确。

（3）分辨客户的说法，确定这是他唯一的关注焦点。

（4）回应他关注的问题。

（5）结束谈话。

下面是应用这个技巧的案例。

客户：我们需要重新考虑考虑，然后再回复你。我们只是还没有做好决定的准备。

销售员：谢谢你的理解，这的确是一个重要的决定。在你做决定之前，听起来你还有一些疑问，是吗？

（不要只是重复模糊的语句，比如“我们需要重新考虑考虑”，找到可以更加清楚地表达客户究竟在“重新考虑”什么的方法。为什么要这样做？因为如果客户只是“重新考虑”，你就会不知道该如何回答他；但如果你知道了他考虑的内容，就可以做出有效的回应。）

客户：是的，确实是这样。

（当你向客户再次陈述他的顾虑之后，你就可以通过精确的语言深入了解客户，分辨出他说的是否是实情。）

销售员：除了之前的那几点问题之外，如果我们继续合作，还有哪些让你有所顾虑呢？

客户：不，没有顾虑。我们只是需要一些时间。

销售员：（停顿，这非常重要！）

（这时，要么客户继续拖延不做出决定，要么他们会说出实情，两者必居其一。）

客户：我只是不确定你的新产品是否与我们的系统兼容，我需要和IT部门进行讨论。

现在，你已经得到客户拒绝你的真正理由了。

3. 对付“房间里的幽灵”

当客户拿第三方当挡箭牌时，这个技巧非常管用。你明白我的意思，用别人当借口的情况随时都可能发生。你挖掘了一个潜在客户，彼此之间建立了良好的关系，客户也很喜欢你的产品，而且价格也合适。

唯一的问题就是：客户需要和他的哥哥（母亲、医生、律师、董事会成员……）商量后才能决定。当然，他的哥哥正在意大利度假，无法赶回来。我把这个第三方称为“房间里的幽灵”。（还记得吗？我曾经在路虎的销售员查理的身上用过这个小把戏。）

当客户声称他要和其他人商量时，他一定是在找借口，不可能是真正的理由。

面对这种情景，很多销售员会直接予以反驳，要求“现在就给‘幽灵’打电话吧”或者“我敢肯定他一定喜欢——让我们草拟合同吧”。问题何在？除非是一个长周期的销售，否则这种处理方式无法找到客户真正拒绝的理由。

下一次，当客户说“我需要征求哥哥、母亲、医生、公司董事们的意见”时，你可以考虑采用接下来的这个方法。你一旦掌握了这个方法，就会发现它简直就是一把利器，可以挖掘出客户真正的动机。

艾拉销售亚利桑那州斯科特斯戴尔市的一个高档小区的住宅。贝菲尔德先生和他的夫人是艾拉的客户，他们年龄较大，喜欢度假风格的居住方式：健身活动、教育和娱乐是他们最为关注的东西。

拜访之后，艾拉询问是否要购买，贝菲尔德夫妇说他们非常感兴趣，但需要征求一下孩子们的意见。

对话的过程是这样的。

贝菲尔德夫人：我们跟孩子商量后再给你打电话。

艾拉：没问题，我完全理解。不过，如果孩子们不同意，你们是不是就不再考虑这套房子了。

贝菲尔德先生：或许吧。孩子的意见很重要，毕竟他们要经常来看望我们。

艾拉：的确。如果他们同意，你就肯定会购买这套房子了？

贝菲尔德夫人：当然。

艾拉：你们为什么考虑搬到这里居住？（停顿，这是最难的部分。一句话也不要说，静静地耐心等待对方给你答案。）

贝菲尔德先生：我们非常喜欢这个社区，已经有朋友住在这里了，我们巴不得现在就搬过来住。但是，我们现在身上都有病。

看到结果了吧？贝菲尔德夫妇表明了他们的主要购买动机，艾拉让他们明白孩子的意见是次要的。这种方法包含了一种叫作“认知失调”的社会心理学理论，即一个人认识到自己的态度之间或者态度与行为之间存在着矛盾。

贝菲尔德夫妇购买的真正动机是为了给自己养老，和孩子们商量与这个目的没有任何关系。当他们认识到两者之间的矛盾后，他们就可以自主地做出决定。通过向客户询问他们愿意考虑你产品的原因，你就可以让他们表达出选择你产品的真实理由，因为没有人愿意对自己撒谎。

● 付诸行动

应对客户拒绝的7个策略

有的客户从一开始就对销售员有抵触情绪，如果销售员的情绪不对，客户就更会针锋相对。他们会不由自主地脱口而出：“不，我不需要。”

我们必须面对这个现实，没有人愿意接受推销，尤其是当下网络提供了更多在线产品，更是如此。Kayak网站（美国领先的旅游搜索引擎服务商，专注在线旅游）的创始人特里·琼斯表示，98%的大学生更愿意在线购买产品。他们根本不去接触销售员。迈克·温伯格在《销售就这么简单》一书中讲到，客户对推销的抗拒并不是销售员的过错，但销售员自身肯定有原因。

幸好，这个问题通过正确的培训可以得到有效解决。以下就是具体的方法。

1. 提前确定你能够做出的让步

你愿意做出哪些让步？在达成交易之前，在你的肾上腺素被激发之前，你对此一定要心里有数。在最紧张的时刻，在你可能端出一盘新菜之前，你可能根本就没有考虑到自己经济上能否承受，只想着“毕其功于一役”，一味地妥协退让。

在任何谈判之前，你一定要清楚地知道可以给予的待遇、折扣和优惠。自己可以做到何种地步？自己应该做到何种地步？你要预计到客户的反应，不要单纯地打折，并且要求客户做他们根本做不到的事情。

记住：知道自己可以做出哪些让步与你何时做出让步是两回事。

在谈判开始阶段，你可以做出小的让步，随着谈判的深入，再亮出自己的底牌。除非你决定放弃这笔买卖了，否则坚决不能对客户说“要么接受，要么离开”。“凡事预则立，不预则废”，提前准备可以让你做成更多生意，在面对客户时显得更加自信和强大。

2．总结你的展示情况

当我向客户展示自己的产品时，我喜欢询问他们对产品的感受。“对我展示的内容，你有何看法？”其实，这个问题中蕴含了另外一层意思，那就是“如果价格合适，你是否有意向购买我的产品？”对在场的所有人都要征求他们的看法，他们会告诉你他们的想法或异议。无论如何，这些都是非常有用的信息。

3．不能有功利心

如果你带着功利心去销售，你就会失去客户对你的信赖，对那些没有购买过你产品的客户更是如此。你的话语中会不由自主地透露出急切达成交易的渴望，这会让客户怀疑你或者你的产品是不是有什么问题。

有一天，我带着儿子去上空手道培训课，儿子上课后，我来到旁边的一家划艇商店消磨时间。销售员说如果我在周末之前购买划艇，可以赠送滑水板和潜水服。虽然滑水板看起来很酷，潜水服也很有用，但问题是我不需要一个价值5.5万美元的划艇，所以这些赠品对我一文不值。

4．在敲定所有的细节之前，不要发送报价单或者提供合同

我猜你以前肯定听说过这些话：“发一个报价单给我。”“发一个书面文本。”这些话可能是客户的托词。在向客户发送书面文件之前，你一定要和客户中所有拥有决定权的人签订全部的合同细节。如果做不到这一点，客户就会随时改变主意，“放你鸽子”。

此外，有时客户让你发送书面报价，只不过是不想伤害你的感情，给你一个台阶下。如果你确定是这种情况，你一定要问清楚，只有确定客户表现出了真正的购买意愿时，你才能提供书面的报价。否则，你所

做的诸多纸面工作都是没有意义的。

5. 重新认识客户关于价格的疑虑

我经常听到客户告诉销售员他们需要核实一下预算，再认真考虑考虑自己的经济承受能力。下面是一个测试，你能看出他们是属于前面讲到的6种拒绝原因中的哪一种吗？

许多销售员默认客户的回答说明他们没有相应的费用安排，但在你进行分辨之前，仍然无法确认这是否是他们真正拒绝你的原因。

你可以试一试接下来这个方法。

销售员："很好，那么我想问，在你确定是否有足够的钱时，是否看到了我们的产品性价比很好，恰恰是在帮你省钱。"

这种方法可以让你看清客户是否真的是差钱，也可以让他重新考虑自己的决定。你已经强调了你的产品不会降价，但是可以提供更高的品质。这可以引导客户开始去考虑你产品的价值，而不是总盯着价格不放，也就是"关上价格的窗，打开价值的门"。

6. 确定你已经完全吸引了客户的注意力

在你提出购买的请求之前，客户必须非常投入和关注。如果看到客户不停地玩弄手机或者看着心神不宁，你就不要继续推销了。

我的一个朋友正在和一个企业家谈判战略合作。

"我犯了一个致命错误，"他告诉我，"当时他和自己的妻子开车行驶在欧洲的高速公路上，而我却在和他讨论合伙人的工作内容、职务和待遇。"

事实上，你首先是在与一个个体做生意，去开会、打网络电话等之类的都不过是借口，你要找到他分心的真正原因。没有什么可以取代面对面的沟通，如果你不能感受对方，如何才能通过对方对你的"感情测试"呢？还好，现在网络非常发达，我们可以和客户通过视频进行交流，这省却了很多麻烦。

7. 把最重要的信息留在最后

你可能不愿意把产品的全部内容都展示给客户，你听过“好饭不怕晚，叙话不怕慢”吧。如果你把最有价值的信息留在最后——比如你们公司独家的技术——就可以在谈判中掌握主动权。

请记住，在客户说“是”之前，你要教会他们说“不”。不幸的是，很多销售员担心客户拒绝，总是使用降价的招数。如果你能把产品最重要的信息暂时不予透露，你就可以在谈判中掌握先机。

你要问问自己，产品的哪些价值可以给价格“加分”。

- 奖励措施；
- VIP服务；
- 延长保修期；
- 奖金方案；
- 用途多样化。

当客户要求打折的时候，你可以问他是否愿意放弃这些产品的附加值。

用“用心销售”代替“用力销售”

客户对饥饿营销的忍耐是有限的，没有人愿意在压力之下购买。你要弄清楚客户为什么会拒绝，我不是在说客户随意编造的借口，而是他们发自内心的真正拒绝你的原因。只有获取了这个信息，你才能对症下药，找到解决问题的方法。

你要用极简的风格去展示产品，让客户一目了然。当他提出疑问时，你要分辨出他的情绪状态，引导他从消极被动转变为积极主动的状态。现在的客户不愿意被人牵着鼻子走，他们喜欢体验式购物，如果你只是要求他们购买，则说明你只是在“用力”销售，而没有“用心”工作。只有当你付出了恰当的耐心、热情和感情时，你才能做成生意。

前面我们已经学习了如何改变客户的情绪状态，最后一章我们将再换一个主题。当我们和客户聊天时，你在意过他说的对错吗？这一点对销售员而言至关重要，下一章我们将学习具体内容。

第十章

乐观方程式：总盯着错误之处，你永远无法走上正确的道路

真理之十：面对每一天，面对每一次际遇，你都可以做出选择。你可以看到一个人或一次经历中积极的一面——有价值或者建设性的东西，你也可以看到其中消极的一面。当你与伙伴或者客户打交道时，你不要总去找他们不买你的产品的原因；相反，你应该看到他们购买你的产品的原因。无论寻找什么东西，你都一定要确保能够找到它。

如果我有一张蹦蹦床

我在北卡罗来纳州长大。我小时候希望自己有一张蹦蹦床，于是央求父母道：“如果给我买一张蹦蹦床，我就再也不吵闹了。”但是当我得到了蹦蹦床以后，什么也没有改变。当然，也不是一切都没有改变：我的“咒语”变了，变成了“如果给我买一辆踏板摩托车，我再也不吵闹了”。

我16岁的时候，我们全家搬到了一个阳光沙滩小镇，事情改变了。在南加利福尼亚，漂亮会让你拥有一切。生活是如此完美。“漂亮”意味着长长的头发、洁白的牙齿、咖啡色的大长腿和大大的眼睛。我的缺点是波浪头和小眼睛。

我们几个好朋友在一起，称呼自己为“美少女战队”。丽萨·亚当斯非常漂亮，我们称她为“漂亮丽萨”，她是我们的“班花”，也是学校舞会的“女王”。“漂亮丽萨”长得很像波姬·小丝，男朋友是学校橄榄球队队长。怎么才能像“漂亮丽萨”那样呢？

我的“咒语”开始变了，天天希望自己变成“漂亮丽萨”，只有那样才能让自己高兴。

那是1979年12月份的一个夜晚，大风呼啸，我们“美少女战队”在位于派洛斯福德的丽萨家里欢度圣诞夜，当时，我们已经喝了2瓶白酒。

“像你这么漂亮是什么滋味？”凯西问“漂亮丽萨”。

我们都向前探着身子急切地想听到答案，我们每一个人都想提出这个问题，但是都没有勇气。

丽萨沉默片刻。

“那种感觉就像是一件东西。”她说。

哇?

“就像科琳跳舞，非常棒！”她解释道，“凯特拥有非凡的人格魅力，卡伦充满了韧性，而莎莉脑子中总是装满了新鲜的想法。我们每一个人都是独一无二的，都有令人惊喜的一面。”

这时，我才意识到丽萨是多么让人欣喜。其实我一直在处处和她较劲，不管她是否意识到了这一点，我总想超越她。当时，她只有17岁，展示出的优雅气质让我们在场的所有人都感到汗颜。

“漂亮这件东西本身不会让我感到高兴，”丽萨接着说，“我自己身上仍然有很多缺点，非常多。”

这时，我和在场的其他人一样，意识到了丽萨不是完美的。丽萨给我们上了很好的一课，让我们明白了嘴里总是念着“如果我想……”是没有任何意义的。从此，我不再羡慕自己没有而别人拥有的东西，开始思考什么才是对和错。

这次经历改变了我的人生态度。

当你认为自己有足够的金钱、爱情、资源和知识可以实现自己的梦想时，你可以得到的更多。一个人要想改变自己的生活，首先也是最重要的，就是改变自己对生活的抱怨。如果你内心安宁，你的整个世界就安宁了。

改变“从此以后过上了幸福的生活”的准则

我们从小就知道，如果将来能够和一个王子或者公主结婚，养几个孩子，就可以从此愉快地生活。真相是，世界上没有“从此以后过上了幸福的生活”。然而，除了没有意义的幻想，我们还有很多方法可以让自己对未来保持积极乐观的态度。

不要寄希望于你有一天能突然大获成功，让所有的问题和烦恼都迎刃而解。我们应该改变这个“从此以后过上了幸福的生活”的准则。积极乐观可以激发生产力，你要去考虑，如何才能发动自己的大脑去积极乐观地看待事物。如何养成乐观主义精神是本章的主题，具体而言，我后面会讲到以下内容。

- 从神经学的角度激发积极性，以助你实现人生目标；
- 克服恐惧心理；
- 养成乐观主义的方法。

简言之，要想养成乐观的人生态度，需要努力。须知，成就和卓越是紧密相连的，自豪感的根源是你施展了自己的抱负。成功带来的喜悦与吃一个冰激凌或者喝一杯鸡尾酒的那种快感不可同日而语。更重要的是，你真正的满足不在于成功本身，而在于你实现成功的过程。励志大师厄尔·南丁格尔曾引用塞万提斯的《堂吉诃德》中的一句话：“行路胜于驻足。”

积极性让你如鱼得水

当你感到幸福、放松和积极主动的时候，你的脑子里就会蹦出很多新鲜的想法，浑身上下充满创造力。在积极性的驱使下，你可以顺利地完成销售任务。另一方面，当你感到恐惧或愤怒的时候，你就会被负面情绪拖住后腿，对问题无能为力。如果你认为自己的客户不会购买你的产品或者太难应付了，那为什么还要在销售工作上浪费宝贵的时间（好工作可不会浪费时间）？

研究美国人幸福感的专家肖恩·安说：“当你积极主动去做事情的时候，多巴胺会在身体内流淌，这会让你产生幸福感，还可以激发大脑中的学习中枢，让你更愿意去接受新鲜的思想和解决方案。于是，我们的大脑也会更加努力、快速和睿智地工作。”

克服恐惧，保持热情

道理说起来容易做起来难。当你连续几周都无功而返，还不上房贷的时候，你还会保持乐观吗？如何才能克服内心深处的恐惧、焦虑和抗拒，进而实现人生的目标呢？

史蒂芬·普列斯菲尔德的《艺术战争》是我最喜欢的图书之一，该书的主题就是在你实现人生理想的道路上一定会遇到阻力，放弃努力比冒着失败的风险更容易。成功者与常人的区别在于当遇到恐惧之事时，成功者从来不会妥协，而是尽全力去克服障碍。

普列斯菲尔德说："阻力的对面就是热爱。阻力越大，热爱越浓。经历的阻力越多，你在艺术/工程/商业上的潜力就越大。"

普列斯菲尔德接着告诉我们，专业人士都明白成功或者幸福只是工作的副产品。他们专注于工作本身，收获与成就都是顺其自然的事情。

为了理想而投入的热情越多，你遇到的内在阻力就越大，你就更应该去追求积极乐观的人生态度。

我并不是在推销"请假装成功，直到你真的成功"这种不切实际的人生哲学。幸福不是脸上挤出来的微笑，不是向素昧平生的人炫耀自己钓到了一条大鱼。幸福不会突然降临到你的生活中，当你思维生机勃发，将恐惧抛之脑后，专心于自己的事业时，幸福就会从天而降。

有趣的是，追求幸福总是与苦苦奋争相伴相生。还记得我们在第九章中讲到了大脑中的杏仁体吗？我们“战斗或逃跑”的机制可以归因于对过去苦难的记忆，对失败的恐惧，对威胁的妥协。当你面对一头硕大无比的狮子时，“战斗或逃跑”的机制很管用；但当你面对一系列危险时，你就可能遵从内心的声音，放弃继续前行，这种作用却是破坏性的。当我们还处于求生模式的时候，几乎不可能培养出乐观的人生态度，我们的逻辑思维能力会丧失殆尽，也会关闭心灵的大门。

适度的压力有助于实现目标，但是在良性压力和恶性压力之间保持恰当的平衡，仍然是你在余生中需要面临的巨大挑战。寻找正确之路意味着你必须主动去选择那些向往光明、远离恐惧的做法。这意味着你要做到既不自责也不为自己找借口，让自己的人生变得丰富多彩。这还意味着你要不断磨炼自己的技艺，不能成为事业的菜鸟。正如普列斯菲尔德所言：“要积极主动地追求人生的理想。”

养成乐观主义的6种方法

有时候，我们会幻想世界上有一种魔药能够赐予我们幸福和成功。我们急忙寻找这种充满魔力的粉末、一种新奇的药丸或是可以成为聪明人的食谱。虽然我不想给你泼冷水，但是事实是没有任何东西可以带给你幸福。

掌控幸福就跟掌控任何一门技术一样，无论你是一个艺术家、音乐家还是运动员，你都需要时间并坚持不懈地努力才能成为大师。你需要做的工作有很多，需要有坚韧不拔的意志和持之以恒的决心。

在去夏威夷茂宜岛北岸的旅行途中，我琢磨明白了这个道理。我喜欢上了一种夏威夷相思木制成的碗，非常想买下它。标签上显示的价格是5，我知道在这种高档的商店价格不可能是5美元。500美元吗？我有点尴尬，等着售货员过来问我。可最终我还是忍不住问："这个碗多少钱？"

"5000美元。"没有任何停顿，售货员回答我。

顿时，我心凉了半截。

"5000美元？"我不禁感叹道，瞬间我只剩下羡慕，没有了任何想买下的想法。我说："我很好奇，艺术家要花多少时间才能做出这个价值5000美元的木碗。"

售货员回答我："36年。"

这时，售货员看着我一脸茫然的样子解释道："这个碗是一个大师级的工匠制作的，虽然做这个碗只需要4个小时，但他花了36年才成为一位大师。"

最终，我没有买这个木碗，但是这堂免费课是无价的。那一刻，我发现售货员告诉我的道理与我这么多年来讲给无数销售员的东西是一样的，那就是，当你成为一位销售大师，你就不会把销售简单地看成是在和客户打交道。你在生活的各个方面都需要进行“定式”练习，从而养成乐观豁达的人生态度。

我把“定式”界定为你不断自发做出的行为和动作。无论你是否意识到，你每天都会做出许多“定式”，即习惯性动作。比如：每天起床之后都会查阅邮件，每天都会按照优先顺序联系客户，每天都会在上班的路上听自己最喜欢的歌曲，等等。

在见到客户之前，你的销售工作其实就已经开始了。而菜鸟销售员总是在问候客户的那一刻才开始自己的销售工作。专业人士深知他们每一天做的每一件事情都会影响自己的表现。比如：奥运会运动员不会到了赛场才开始努力争夺金牌，他们在正式比赛前已经为这一刻准备数年；他们每天训练数小时，补充营养，合理休息，都是为正式比赛做准备。做销售也是同样的道理，功夫不在场上，而在平时。

每天早上一睁眼就体会到幸福感是很难的一件事情。这就是为什么我们每天都要进行练习，培养我们形成乐观主义的人生态度，将积极乐观的因子融入日常习惯之中。积极主动是一项技能，就像高尔夫运动一样，必须不断地进行训练、练习和提升。当你将这些小定式变成生活中的一部分时，你就会看到其巨大的作用：

- “事未躬行，先享其功”；
- 懂得感恩；
- 深交而不滥交；
- 积极幻想；
- 不落窠臼；
- 不忘初心。

1. “事未躬行，先享其功”

几年前，我和搭档大卫销售犹他州的“公园都市”项目时，不经意间我尝试了“优先享受”理论。1993年的12月末，我们组建了一支最优秀、最聪明的销售团队，并讨论即将到来的假期聚会。我们部门的惯例是用奖杯、荣誉和香槟奖励那些表现突出的销售员，嘉奖他们在过去一年的成绩，但是今年我们不会这样做。因为我们是一个新团队，没有成绩，何来庆祝呢？

我忘了是谁先提出的主意，但这绝对是一个好主意：为什么我们就不能装作这是成功的一年呢，我们完全可以在今天庆祝明天的成绩嘛。

这个想法得到了大家的一致认可，我们买来旗帜、帽子、蛋糕、气球和聚会时爱玩的各种东西。在入口处写着醒目的几个字——“欢度1995年新年”。最精彩的部分是奖杯，我们为每一个销售员制作了奖杯，并且在上面刻上文字——“恭喜！1995年度杰出表现奖”。

当销售员和他们的家人走进用气球装饰的会场后，我们打开香槟庆祝这一欢庆时刻。我们奖励整个团队一次旅行，并且庆祝大家拧成一股绳，打破了公司的销售纪录。

“恭喜，琳达。你做到了！表现太棒了！”

“拉里，做得不错，你的表现令人惊奇。这是你妻子吗？谢谢你，汉娜，感谢过去一年你对拉里的支持！”

刚开始，大家困惑不已，他们说：“我们是不是过错年了，今年我什么也没有做啊。”

不过，很快困惑便烟消云散，每个人都投入聚会之中，不亦乐乎。

每个人领奖时都会得到大家的掌声。萨莉在领奖时热泪盈眶，她说：“我非常感谢咱们领导和管理部门，以及团队中所有的人。”

那个晚上大获成功，而且第二年的销售业绩比我们预计的要好得多。我们在公司排名第一，而且一本行业杂志把我们评选为“世界上最佳分时度假产品”！这是巧合吗？我想不是。萨莉和团队中的其他人从第一天开始就感受到了成功的意义，他们专注于自己的工作，用成功之心激励自己，他们超越自我，不仅仅是关注个人的成绩，更是为了实现团队的目标，并且以此为荣。

2. 懂得感恩

感恩是快乐之源。研究表明，赞美和恐惧不可能同时发生在一个人身上。懂得感恩正是治愈恐惧的良方。

《快乐的心理秘诀》的作者丹·贝克博士是积极心理学运动的倡导者。他告诉我们，进行简单的感恩练习是提高一个人身心整体健康的最有效的方法之一。贝克博士开发了一项著名的练习——审视赞美，可以增强人的感恩之心。这个练习非常简单，每天你写下自己感激的3件事情，比如第一天我要感谢我的宠物狗梅米、我的家人以及为我修脚的医师，第二天我会写下我住的“公园都市”小区、炸薯条和我的母亲。其他积极心理学实验，比如每天做一些小小的善举也可以提高人的幸福感。

当你主动有意为之，你就不会对这种幸福的滋润感到意外了。

下一次，当你在一个满是销售员的活动现场，领导们感谢当中的某些人时，你要仔细观察整个房间的气氛是如何转变的。

几年之前，我儿子的一个朋友的母亲因为罹患癌症而去世。当时，他的这个朋友只有6岁大。可以想象，对这个孩子而言，这是一个多么巨大的打击啊！他不得不承受巨大的痛苦和恐惧。

他的家人不断地鼓励他，有人告诉他每天想3件值得感恩的事情。于是，每天晚上睡觉和做祷告之前，他都会去感激一天中遇到的人和事。起初，这非常困难，母亲已离开人世，他还有何可以感激的东西呢？他的母亲离开了，剩下他一个人孤苦伶仃，无依无靠。第一个晚上，他放弃了，在颤抖中睡着了。

两个晚上之后，他发现自己可以感激自己的手指画和吃的汉堡了。一周之后，他说：“我要感谢我的小狗罗斯科和大橡树。”几周之后，他说：“我要感谢我的父亲、我的继母、我的好朋友以及我的未来。”

通过记下自己感激的东西，我们可以把恐惧驱逐出我们的大脑，让我们可以重新开始向往更加美好的生活。

感恩练习的具体做法如下。

- 审视自己的感激对象。列出一个你感激的清单，包括你的产品、客户和同事。不要对工作患得患失，想一想或者写下来30天中你每天的感激之事，观察自己的乐观是否有所提高。研究表明，当你坚持感恩之旅时，你的幸福感就会大大提高。
- 说“谢谢”。想一想你遇到了哪些令你快乐的事，应该对哪些人说声“谢谢”。无论是人、事还是物，每一样都要去感激。2014年——脸书成立10周年之际，公司的CEO马克·扎克伯格透露，他正在要求自己每天写下一封经过深思熟虑的感谢信，通过电子邮件或者手写信件发送给对方。

扎克伯格告诉《彭博商业周刊》：“这对我非常重要，因为我是一个很挑剔的人。我总是希望事情变得更好，我对我们提供的产品和服务以及我们团队的表现总是不太满意。”

当你说“谢谢”的时候，你就会强迫自己的大脑去关注那些正能量的事情。在问候客户之前，在户外旅行之前，在做祷告和冥想之前，都可以试着说声“谢谢”。一句“谢谢”可以激发你的兴趣，培养积极的心态去处理各种事务。

3. 深交而不滥交

我希望有足够多的钱，把所有在脸书上有超过5000个粉丝的人聚在一起，请他们在周五晚上大吃一顿！不过，每个周五晚上，我还是感到非常孤独。

演说家和作家沙斯塔·尼尔森告诉我们，现在人们通过社交媒体进行交往的热情空前高涨，但人与人之间的深层次的人际关系交流陷入了低谷。社交媒体公司推出了许多社区或群落帮助人们与兴趣相投的人进行交流——相同的习惯、兴趣和政治取向。我们每个人都有很多网友，但是对他们知之甚少。

人际关系的重要性有目共睹，对我们的健康和幸福至关重要，每个人从为人之初就具备这种需求。研究表明，在孤儿院中长大的孩子缺少肌肤之亲，因此他们在行为、情感和社交中都会存在诸多问题。缺少人际关系会让他们的大脑发育迟缓、体重不足、压力增大。

因此，无论工作内外，我们都应该建立积极友善的人际关系。这种关系不仅不会让你脱离生活，而且可以使你的人生变得更加有意义。

我曾经和一个名叫南·肯特的销售员共过事，她不仅和客户建立了深厚的友谊，而且把客户组织起来建立了朋友圈，介绍新客户加入其中，组织高尔夫球赛，形成了良性的互动人际关系。南在人际关系方面的突出能力让她赢得了客户，每一年销售业绩都名列前茅。

对你个人而言，要在与客户现有关系的基础上进行深化，建立感情的纽带，进而形成自己的人际关系圈，这可以让你的销售工作变得易如反掌。

4. 积极幻想

在长岛的大捷龙商务车4S店，和全世界所有的汽车4S店一样，所有的销售员都聚在黑板前看自己的每月销售业绩。如果一个月可以卖出15台车，4S店和克莱斯勒公司就会给予奖励。

詹森·马西亚比店里的大部分销售员都要年轻一半还要多，但是他的销售量是其他人的两倍。大部分人努力一个月，才能卖出15台车，但詹森能卖出30～40台。

当被问及詹森有何与众不同之处时，其他销售员往往是陈词滥调般地告诉你，“他长得帅”或者“他会交朋友”。但是根据广播节目《美国生活》的肖恩·科尔对詹森一周的近距离观察，事实远非如此。

肖恩把詹森的成功称为“积极幻想”。你肯定听过“一个杯子喝掉一半的水，你会认为这杯水是半空还是半满”这样的问题。詹森知道肯定会有不会买车的客户，但这并没有让他烦恼。他看到杯子中的水是半满的，而不是半空的。他把每一个客人都视为潜在客户，无论他们是谁，来自何地，都一视同仁。把他称为“妄想者”不足为过，但这一招对他非常管用。

在和许多销售员谈论过他们的成功之后，我总结发现他们的成功具有共性。他们不仅看到客户会购买产品，当客户没有购买时，他们也“不以为然”。一言以蔽之，你期望什么，就会看到什么。

这种现象可以用一种理论进行解释——“证实性偏见”。认知领域的研究人员发现，对于先入为主的信息，我们在潜意识中就会不由自主地接受；对于“不以为然”的信息，我们的潜意识总会忽视、逃避或者置之不理。

换言之，当你开始销售工作时，如果认为客户不会去买你的产品，你就会千方百计地寻找证据来验证自己的预判。问题是，如果你这样做，你等于给自己一个消极的心理暗示，销售的成功概率当然会大大降低。

5. 不落窠臼

我们生存的规则是解决问题，所以我们总是盯着别人做错了什么，而不是做对了什么。许多心理学家总是关注我们精神错乱的一面，对我们生活中做得非常好的一面却视而不见。新闻中大部分时间都在报道灾难、谋杀、政变，医生们总是一直想着疾病而不是健康。

销售员们也不例外。当业绩不佳时，他们总是唉声叹气，问自己：“我做错了什么？”“为什么我丢掉了生意？”尽管这些问题非常有用，而且是应当提出的问题，但不要忘了问问自己有哪些表现突出的地方。记住上一次你是如何做成生意的。你做对了哪些？你还能做到这些吗？如果你总是盯着毛病不放，你离成功就会越来越远。

最近，我答应为一家新成立的公司提供无偿的咨询服务。这家公司需要给148家医院打电话，完成一项非常重要的调查。他们雇用了一个叫维罗妮卡的销售员来完成这项工作，6周之后，这位销售员感到非常沮丧和挫败。

她说：“没有人会回复我的电话。我给每一个电话的语音邮箱都留了3~4个留言，但是没有一个人给我打电话。还有一些医院的语音邮箱已经满了，所以我根本没有办法留言！”

我问维罗妮卡她的预计目标是多少，她告诉我老板的目标是回复率达到50%，她自己定的是70%。

“现在是多少？”我问。

“只有18%。”维罗妮卡说着，就像一个战败的士兵。

我告诉她不要想着那82%没有回复她的医院，要多想想自己是如何实现那18%的。这时，她的思路改变了，开始告诉我自己是如何做的以及如何克服困难的。维罗妮卡说，她会感谢那些抽出时间接受她调查的人，听他们诉说自己工作之外的事情。她决定从明天开始转变工作方向，用电子邮件或其他方式去攻克那些最难说服的客户。

结果如何呢？两周之内她又完成了40%的客户调查。只看对的，不看错的，这个方法让她改变了工作思路，顺利完成了工作目标。

6. 不忘初心

不要只问自己为何做当前在做的事情，你要问自己：想要成为一个什么样的人？你生活的意义是什么？这是我们应该扪心自问的最重要的问题。至于“我的目标是什么”“我需要做出哪些努力才能实现目标”“从目标到策略”之类的问题，都只是表象。从“我是谁”到“我为什么努力工作”才是人生的真谛。

你可能还没看过《活出生命的意义》这本书，那就赶紧去买一本读一读吧。本书的作者维克多·弗兰克尔是一名精神病学专家，1942年他被纳粹逮捕投入奥斯威辛集中营，直到1945年才获得自由，他的家人都死在集中营之中。他创立的“意义疗法”来源于希腊词语“logos（意义）”，这是一种在治疗策略上着重于引导就诊者寻找和发现生命的意义，树立明确的生活目标，以积极向上的态度来面对生活的心理治疗方法。这种理论认为当人们面对苦难时，重要的是人们用怎样的态度来面对苦难。

你生命的意义是什么？你为何而生？是爱还是恐惧在驱使着你？幸福最重要的基石之一是自己的力量之所在，并且运用这些力量去增添生命的意义。

销售员们花费了生命中宝贵的时间去寻找客户的动机，有时却忘记了自己的初心。

我母亲曾经去参观位于以色列的巴哈伊寺庙，参观完一圈后在大门口遇到了一个人。那个人问她是否有要问的问题。我母亲单刀直入地问："巴哈伊认为生命的意义是什么？"

这个人告诉母亲："不忘初心，这就是生命的意义之所在。我们都认为上帝创造了一个像大型计算机一样的世界，上帝是计算机的主人，我们每个人都是计算机百万个零件中的一分子。每一个人都有自己独特的角色，而我们的使命就是让每个人知道自己所处的角色。"

因此，我们要找到自己的角色。你来到这个世界的目的是什么？一旦你找到了自己的定位，明白了自己应该如何帮助他人，这个世界就会给予你更丰厚的回报。

我看过媒体对安德玛公司（这是一个发展迅猛的美国体育运动装备品牌）CEO凯文·普兰克的采访。他说自己的目标不仅仅是挣钱甚或是生产衣服，而是要为成千上万的美国人提供就业岗位，清除城市中高失业率下的暴力和混乱，使巴尔的摩重新成为家庭和"千禧一代"钟爱的城市。他的初衷已经超越了自我，不再是一种单纯的追求，而涵盖了更多的情感因素。

你也要找到自己的生活动力——你的初心。你是为了你的爱人还是为了养活孩子而工作？当你的初心附着于天赋之上时，成功就会变得越来越近。生活的意义不仅仅在于你个人，这些建议可能会激发你的思想火花：

● 如果你每个月都可以多挣5000美元，你会用这些钱做什么？旅行、作为退休金存起来、买喜欢的东西、捐给慈善机构……当你有答案之后，你要接着问自己："然后呢，如果得到了满足，我还要做什么？"当你不断地问自己，你就会发现自己的第三层级的动机，比如，想多和家人聚在一起，增加安全感，让孩子享受更好的教育。当你找到自己真正的生活动机后，你就知道自己是为何而活，也会让你不再畏惧困难和挑战。

● 在去世时，你希望在自己的讣告中说些什么？大卫·布鲁克斯在他的作品《品格之路》中讨论了“简历优点”和“悼词品德”之间的区别。布鲁克斯告诉我们，简历优点就是你在简历上列举的可以带到职场上并对外在成功能有所贡献的那些长处——你的主动性、竞争力以及你是否合群。而悼词品德是人们在你葬礼上议论的更深层次的、那些作为你存在的核心品格——你是否善良、勇敢、诚实或是忠诚。布鲁克斯写道：“我们生活的社会在鼓励我们去思考如何营造一个伟大的事业，但谈到如何滋养自己的内心生活时，我们往往笨嘴拙舌。”

你希望自己留下什么样的遗产？你想被人们如何记住？你的行为和你的价值观是否一致？这些品德正是让你从诸多竞争者中脱颖而出的必备要素。品格和技巧的结合可以让你内生自信、外致成功。

● 什么事情可以让你忘记吃饭和睡觉？我们每个人都有这样的经历，全神贯注地干一件事，几个小时一晃而过，感叹道：“噢，天哪，我忘记吃饭了。”每一项工作都有消极的一面，比如我就不喜欢做纸面工作。你可能热爱销售，但讨厌录入数据。但是只有当你掌握了一些枯燥无味的基础工作之后，你才会发现工作的乐趣所在。乐趣是勤劳的副产品，而不是目标，你的理想应当更远大。

顶尖的销售员明白幸福感和成就感之间的区别。我花费了很长时间才弄清楚两者不是一回事。幸福感是转瞬即逝的，与外在的事件和珍贵的物品有关，我们通过得到物质享受获取幸福感，却谈不上成就感。

许多人依靠自己的技艺做生意、挣钱、买自己喜欢的东西。“如果买到奔驰车，我就不会觉得生活无聊了。”“如果我能做成这笔大买卖，人生就完美了。”“如果我能让公司有所改变，我就成功了。”诸如此类的话。他们话中的“如果”控制着他们的思维，主导着他们的行为。

不忘初心，善始善终。找到自己人生真正的意义，才能实现真正的成功。

我也是天资聪慧的人吗

我承认，自己在销售生涯开始时是一个资质平庸之辈。整整5年里，我业绩平平、收入微薄。随后，我经历了非同寻常的一周。这件事发生在我的老板兼导师格雷格问我为何放弃自己的销售目标之后不久。

当格雷格找到我时，我正在加班。他说："莎莉，在你今天下班之前我需要和你谈谈。"

我赶忙完成手头的客户合同，快步走到格雷格的办公室。我口干舌燥，感觉自己在不由自主地控制喘息。我不知道自己在做什么，甚至没有意识到自己没有敲门就进了格雷格的办公室。我感到自己的嘴唇在不停地抖动，不敢跟格雷格进行眼神交流。

他让我坐下，关上办公室的门，然后看着我的眼睛说："莎莉，我干这一行已经18年了。我一直在观察你，你天资聪慧，只要稍加学习和训练，就可以具备在这个行业名列前茅的能力。"

我简直不敢相信自己的耳朵，没有被批评，反而受到了以前从未有过的表扬！格雷格接着对我说："如果你继续努力工作，再投入一点精力进行培训，你就可以成为这个领域最优秀的销售员之一。"

离开格雷格办公室的时候，我心情兴奋至极，浑身充满了力量。第二天早上，我到办公室的时间比以往更早了——显然，我应该发现自己的天分。我买来许多关于销售技巧、销售心理和销售决策方面的书籍进行阅读。

当年年底，我成为所在部门的销售冠军。第二年，我成为整个马里奥特公司的销售冠军。

我比以前任何时候都要努力工作。每当取得成绩，格雷格都会夸奖我“天资聪慧”。最终，他任命我为销售经理。

两个月后，我发现团队中一半人喜欢我，一半人讨厌我，每天这两群人都争执不断。我无力控制局面，最终我走进了格雷格的办公室，摊开双手告诉他：“我不适合做管理。”

格雷格问我：“是什么让你坚持到今天？”

他接着说：“当你还是一个销售员的时候，你几乎每天都会找我寻求支持和帮助。现在你是一个销售经理了，看起来你应该知道自己要做什么。”

“你准备退出吗？”他问我。而我泪流满面，摇了摇头。他接着说：“或者你希望我给你提供帮助？你希望我教你如何成为世界上最伟大的销售经理吗？”

我点了点头。

“好，现在你听好，”他说，“在你的销售生涯中，有的工作完成得很棒，有的则不那么尽如人意。但是，如果你发现一个人愿意去学习，即使他不优秀，也要让他坐在你面前，关上办公室的门，看着他的眼睛，然后告诉他‘你天资聪慧’。告诉他，只要稍加培训，他就可以成为这个行业的第一名。”

我惊呆了。

“这不是你一直在对我说的话吗，难道这不是你的本意？”

格雷格笑得喘不过气来，差点从他的椅子上掉下来。“那又有什么区别呢？”

突然，我知道了秘密。这与我是否真的天资聪慧没有关系，也与格雷格是否在骗我没有关系，关键在于格雷格让我相信自己拥有这样的天赋。

我们看到自己闪光的一面。在客户相信你之前，首先要自己相信自己。

训练销售技能固然重要，但塑造自信满满的自己更关键！